AO VENCEDOR!

MENSAGEM ÀS SETE IGREJAS DO APOCALIPSE

COLEÇÃO ENCONTRO COM CRISTO

1. *Em que cremos? Doutrina católica*, 4ª ed.
   Pe. Alberto Luiz Gambarini
2. *Batalha espiritual*, 7ª ed.
   Pe. Alberto Luiz Gambarini
3. *Ao vencedor! Mensagem às Sete Igrejas do Apocalipse*
   Pe. Alberto Luiz Gambarini

PE. ALBERTO LUIZ GAMBARINI

AO VENCEDOR!

Mensagem às Sete Igrejas do Apocalipse

31/03/04

Ágape

Edições Loyola

As citações bíblicas foram tomadas da
Tradução Ecumênica da Bíblia [TEB]
Edições Loyola, São Paulo, 1996.

Preparação
Renato da Rocha Carlos

Revisão
Maria Helena Rodrigues Silva

Ágape
Cx. Postal 32 – 06850-970 Itapecerica da Serra, SP
✆ (011) 495-2078/ 495-5081

Edições Loyola
Rua 1822 nº 347 – Ipiranga
04216-000 São Paulo, SP
Caixa Postal 42.335 – 04299-970 São Paulo, SP
✆ (011) 6914-1922
FAX: (011) 63-4275
Home page: www.ecof.org.br/loyola
e-mail: loyola@ibm.net

ISBN: 85-15-**015552**-8

2ª impressão: fevereiro de 1997
3ª impressão: junho de 1997

Tende vontade de ser mais do que homens. Tende a coragem de ser loucos com essa loucura que é sensatez aos olhos do Altíssimo. Não temais a morte, senão apenas a inutilidade da vida e a pequenez da alma. (...) Crucificai-vos com vossas próprias mãos sobre o madeiro áspero da humanidade, se desejais renascer e fazer renascer os demais.

(Giovani Papini [1881-1956]. Escritor florentino. Polemista vigoroso e de espírito cáustico, converteu-se ao catolicismo e, entre outros, escreveu *Vida de Cristo* e *Michelangelo*)

Toda bondade de ser mais do que homens. Toda a coragem de ser outros com essa loucura que é sensatez aos olhos do Altíssimo. Não temia a morte, senão apenas a mediocridade da vida e a pequenez da alma. (...) Crucificar-nos com nossas próprias mãos sobre o madeiro áspero da humanidade, se desejas crescer e fazer crescer os demais.

[illegible]

Índice

Apresentação

Quero recomendar a todos os grupos e comunidades estas reflexões do caríssimo Pe. Alberto Luiz Gambarini.

Aprofundar a Palavra de Deus é o caminho difícil, mas necessário, para dar real resposta à urgência da nova evangelização dos nossos batizados.

No final do século I, o apóstolo João sentiu a necessidade de escrever às Sete Igrejas da Ásia, que estavam perdendo seu primitivo fervor.

Alguns dos primeiros discípulos de Paulo tinham espalhado a idéia de que Deus voltaria em breve para dar a recompensa aos fiéis e julgar os infiéis.

Agora já se passavam os decênios e essa esperança se dissipava; a não poucas pessoas parecia que Cristo esquecera a sua Igreja e que era inútil crer no Evangelho.

Por outro lado, o culto aos imperadores e aos deuses pagãos era incentivado com todos os meios pelos governantes.

A situação se tornara ainda mais angustiosa desde que Nero, em 64, desencadeara a primeira perseguição violenta contra os cristãos.

Era urgente alentar nos fiéis a coragem!

O Apocalipse é essencialmente o Livro da *esperança cristã* ou da inabalável confiança no Senhor Jesus e em suas promessas de vitória.

Hoje também, diante de tanta descristianização dos costumes, de tanta "noite ética" nessa crise de valores morais, precisamos urgentemente meditar e assumir as recomendações pastorais que nos vêm da Bíblia. Este trabalho nos ajude a entender melhor a luta de sempre, aplicando aos desafios de hoje as certezas que o livro da "Revelação" semeou nas Sete Igrejas da Ásia, mantendo viva a fé no Senhor que vem.

Consolidai vossa vocação!

DOM EMÍLIO PIGNOLI
Bispo diocesano de Campo Limpo, SP
9 de fevereiro de 1997

Introdução

O livro do Apocalipse é um dos livros bíblicos que mais chamam a atenção. Ele é de extrema importância para as nossas vidas, para os nossos dias, e por isso temos de conhecê-lo e entendê-lo. É maravilhoso perceber que esse livro foi revelado a João em um domingo, o dia em que o Senhor se manifesta aos seus; o dia em que deseja nos alimentar e nos fortalecer; o dia em que Jesus ressuscitou.

À primeira vista, o Apocalipse é extremamente difícil, pois se apresenta por meio de figuras, imagens, símbolos. Porém, com o auxílio de Deus, e somente assim, tornamo-nos capazes de entender a profundidade, a beleza e a atualidade de sua mensagem. Um exemplo desses símbolos está nos textos que estudaremos a seguir: as cartas dirigidas às sete Igrejas da Ásia.

No tempo em que o livro do Apocalipse foi escrito, não existiam apenas sete Igrejas, mas o número 7, para a Bíblia, é o número da plenitude, da perfeição. Ao se dirigir às sete Igrejas, o Senhor, está revelando a perfeição que Ele deseja em Sua Igreja.

As sete Igrejas da Ásia haviam começado com entusiasmo e poder; tinham enfrentado dificuldades para viver a fé em ambientes hostis. Muitos desses cristãos tinham entregado sua vida por Cristo. Mas, passados cinqüenta anos, o Senhor se apresenta a um João já idoso na ilha de Patmos e revela quanto o Seu coração estava sofrendo por ver que as Igrejas já não viviam com aquela primeira alegria, aquele primeiro entusiasmo.

É importante perceber que, no final de cada mensagem, o Senhor diz: "**O que tem ouvidos ouça o que o Espírito diz às Igrejas**". Algumas dessas Igrejas não ouviram o que o Senhor estava dizendo e continuaram cometendo os mesmos erros. Sabemos que em muitos lugares onde outrora existia uma grande Igreja, vibrante, hoje não há nenhum cristão. É fundamental permitir que o Espírito Santo fale ao coração e mostre que Deus não está mais falando para o passado, mas para todos nós, povo de Deus, Igreja de Cristo, no século XX, na proximidade do ano 2000.

Abra-se à ação do Espírito Santo, e a mensagem contida nas próximas páginas irá despertá-lo, animar sua fé, corrigir os erros, apontando caminhos, para que você possa sair das dificuldades e crescer segundo a vontade do Senhor.

Os textos bíblicos que estaremos estudando irão ensinar-nos que nosso Deus é um Deus pessoal; que nos conhece individualmente. Ele conhece o mais fundo do nosso coração; sabe de nossos sucessos e também dos fracassos, e deseja nossa salvação. Deus não nos condena, não promove nossa perda ou infelicidade. Ele quer que passemos por esta vida saboreando-a, aceitando-a como um presente.

OREMOS: *Deus querido, Deus amado, queremos suplicar, em nome do Teu Filho Jesus, que o Teu Espírito Santo repouse sobre nós; que nos dê atenção para ouvir a Palavra e sabedoria para entender a mensagem deste livro. Que ele traga as respostas de que estamos precisando para as nossas vidas. Ó, Pai querido, que o Teu Espírito Santo nos faça entender aquilo que desejas para nós; que Ele torne real a Tua palavra e nos renove o espírito, a alma, o corpo.*

Esfriaste no primeiro amor

IGREJA DE ÉFESO
(Apocalipse 2,1-7)

Ao anjo da Igreja que está em Éfeso, escreve:
Assim fala o que segura as sete estrelas em sua mão direita, que anda no meio dos sete candelabros de ouro:
Conheço tuas obras, teu labor e tua perseverança, e sei que não podes suportar os malvados.
Puseste à prova os que se dizem apóstolos e não o são, e comprovaste que são mentirosos.
És perseverante: sofreste por causa do meu nome e não perdeste a coragem.
Mas tenho contra ti que abandonaste o teu primitivo fervor.
Lembra-te, pois, de onde caíste: arrepende-te e faze as obras de outrora.
Caso contrário, venho a ti e, se não te arrependeres, tirarei o teu candelabro de seu lugar.
Isto, porém, tens em teu favor: detestas, como eu, as obras dos nicolaítas.
O que tem ouvidos ouça o que o Espírito diz às Igrejas.

Ao vencedor darei de comer da árvore da vida, que está no paraíso de Deus.

Entre as mensagens do Senhor às sete Igrejas do Apocalipse, a primeira foi dirigida à Igreja de Éfeso (Ap 2,1-7), cidade em que João trabalhara com afinco na pregação da Boa Nova e – segundo a Tradição dos primeiros cristãos – morado durante muitos anos com Maria. Foi possivelmente em Éfeso que a Mãe de Jesus veio a falecer. Tal crença encontra apoio no testemunho do Evangelho: como sabemos Jesus, morrendo na cruz, disse à sua mãe:

"Mulher, eis aí o teu filho. A seguir, disse ao discípulo: Eis a tua mãe. E desde aquela hora o discípulo a recebeu em sua casa" (Jo 19,26-27).

O grande tema desta carta é o chamado à volta ao primeiro amor, o chamado à comunhão com Deus. Nele tudo é sempre novo e não existe lugar para a rotina sufocante.

CONHECENDO ÉFESO

Éfeso era conhecida como a primeira e maior cidade da Ásia Menor. Destacava-se como centro político, comercial e religioso. Nela eram praticadas as mais diferentes religiões.

A cidade estava em uma posição estratégica, a maioria dos navios tinha de passar por seu porto. Além de ser rica, tornou-se também um grande centro cultural e religioso: ali ficava o templo mais importante da deusa Diana, considerado umas das sete maravilhas do mundo, em cujo culto eram celebradas orgias sexuais, e também o templo de Eros, deus do prazer. Éfeso era uma cidade em que a dissolução estava fortemente presente, em conseqüência da mescla das mais diferentes culturas.

Por outro lado, porém, encontrava-se ali uma das mais fortes Igrejas da Antigüidade. A Igreja cristã em Éfeso talvez tenha chegado a possuir cinqüenta mil membros (para cerca de um milhão de habitantes). O apóstolo Paulo, depois de ter visitado essa cidade – mergulhada em superstições, magias, sacrifícios –, anunciou poderosamente a Palavra de Deus. Depois de ter apresentado o que significa seguir a Cristo, provocou tão grande impacto na população, que "**um bom número daqueles que se tinham entregue à magia amontoaram os seus livros e os queimaram publicamente**" (At 19,19).

A Palavra de Deus fora pregada de um modo tão forte, tão vibrante, que aquele povo se deixou convencer e renunciou a todo mau caminho.

O mesmo acontece em nossos dias. Sabemos que dentro da Igreja de Jesus existem pessoas ainda dominadas pela escravidão a superstições, crendices, e é por isso que muitas vezes elas não são abençoadas. A bênção de Deus só pode vir sobre aqueles que tomam a decisão de buscar apenas o Deus vivo e verdadeiro, o Deus de Nosso Senhor Jesus Cristo. Se não temos coragem de romper com espiritismos, mesa branca, benzimentos; se não conseguimos abandonar amuletos, horóscopos, cartomantes, não encontramos a bênção de Deus.

"Ao anjo da igreja que está em Éfeso, escreve: Assim fala que segura as sete estrelas em sua mão direita, que anda no meio dos sete candelabros de ouro" (Ap 2,1).

O Senhor apresenta-se à igreja de Éfeso como o único a possuir autoridade diante de toda a Igreja (**segura as sete estrelas na sua mão direita**). Esta primeira figura é importante para despertar nos cristãos uma certeza fundamental: o cuidado de não desviar sua dependência do Senhor, confiando nas próprias capacidades pessoais ou em determinados homens. A autoridade na Igreja é exercida em nome de Cristo, que, por sua vez a recebeu do Pai, conforme lemos em Jo 20,21: "**Como o Pai me enviou, assim também eu vos envio**". Cabe da parte daquele que dirige a Igreja a atitude de serviço. Ao rebanho cabe ouvir os seus pastores como ao próprio Senhor.

A segunda figura: "**Anda no meio dos sete candelabros de ouro**" reforça outra convicção: o Senhor está presente na Igreja, dando-lhe proteção e alento ao seu proceder. Tal certeza deve criar um espírito de vigilância sobre a forma como os cristãos vivem a sua fé. Existe sempre o perigo de perder o horizonte de comunhão com o Senhor, permitindo a influência de idéias ou costumes estranhos à Palavra de Deus.

A MENSAGEM DO SENHOR

Estamos diante de uma lição muito importante: dentro da Igreja de Cristo, não pode haver escravidão a superstições ou crendice de qualquer tipo. A benção de Deus vem somente sobre aqueles que tomam a decisão de servir ao Deus Vivo de Jesus Cristo.

Ao aceitar Jesus, a Igreja de Éfeso não continuou amarrada ao seu passado pagão, e por isso foi abençoada, cresceu e transformou-se em uma Igreja cheia de poder. Éfeso tornou-se um lugar a partir do qual o Evangelho foi se espalhando; sua Igreja, que enviava missionários para toda a Ásia – o mundo conhecido na época –, colaborou na expansão do cristianismo, justamente por causa de sua força espiritual. Seu povo vivia a Palavra e formava uma Igreja em torno de seus pastores, que zelava pela doutrina e não permitia desvio algum, afastando aqueles que tentavam semear confusão, ameaçando quebrar a unidade da Igreja apresentando doutrinas novas.

E o Senhor elogia isso: cinqüenta anos após o início da pregação, Ele diz: "**Conheço tuas obras, teu labor e tua perseverança, e sei que *não podes suportar os malvados.* Pusestes à prova os que se dizem apóstolos e não o são, e comprovaste que são mentirosos. És perseverante, sofreste por causa de meu nome e não perdeste a coragem**" (Ap 2,2-3). Deus enaltece a firmeza, a forma como esse povo procurava zelar pela integridade, e com esse louvor divino aprendemos algo magnífico: nada escapa ao olhar do Senhor. Nós podemos, na aparência, demonstrar bondade, docilidade, mas o Senhor não olha aquilo que é exterior, Ele sonda nosso coração. Isto representa uma ameaça para os hipócritas, os fingidos, os pretensiosos, os falsos; mas ao mesmo tempo traz o conforto. Os homens podem não nos valorizar, nos desprezar, criticar, mas existe alguém que sabe quem somos: Deus.

Alegremo-nos porque nosso Deus conhece as motivações de nosso coração.

Éfeso era extremamente zelosa da doutrina, ou seja, tomava muito cuidado para não que não surgisse desvio algum, era firme na Palavra, nos preceitos recebidos dos apóstolos, e isso foi elogiado. Porém, depois de elogiar toda essa firmeza, todo esse trabalho, o Senhor fala algo que nos choca.

Ele apresenta uma queixa em relação a essa Igreja: "**Mas tenho contra ti que abandonaste o teu primitivo fervor**" (Ap 2,4). Haviam-se passado cinqüenta anos desde o início dessa Igreja, e ela crescera a ponto de todos dizerem: "Mas olha que Igreja grande, bonita, abençoada: muita gente, muitas obras... Esta é uma Igreja de sucesso!" *Aparentemente* era.

Apesar das muitas atividades e dos muitos trabalhos que faziam, eles tinham perdido a paixão por Deus.

Nossas atividades são importantes, é claro – o sinal de que Deus está agindo em nós é nosso trabalho por Sua obra –, mas Ele não quer apenas nosso trabalho; busca nosso amor apaixonado. E essa Igreja, apesar de ter crescido e continuar a crescer, perdera a vibração, o primeiro amor, a paixão. Esse é o perigo quando não estamos atentos, e essa é uma armadilha sutil de que Satanás se vale para enfraquecer a Igreja: tornar-nos mornos; fazer com que nos sintamos alegres porque a Igreja está repleta, ou porque estamos envolvidos com muitas atividades... Tal proceder gera pessoas espiritualmente mornas, e o passo seguinte é o surgimento de dificuldades em manter os irmãos unidos na mesma fé, esperança e caridade.

Tomemos cuidado para não perder o primeiro entusiasmo. A presença na Igreja, a oração, a leitura da Palavra, o dízimo, as ofertas, o nosso trabalho pelo Senhor nada valem se não forem fruto do amor cada vez mais apaixonado por Deus e pelo próximo.

Existe sempre o risco de em nome da fé serem criadas leis ou estruturas que sufocam as pessoas e o próprio crescimento sadio da Igreja. Neste sentido pode-se cair em um extremo grave: o moralismo negativo. A Igreja pode transformar-se em um lugar onde as pessoas confundem doutrina com uma simples questão de hábitos e costumes ou com uma prática fria de alguns preceitos. Este é o caminho fácil dos fracos que se escondem por trás de falsos legalismos, em vez de viverem de fato as exigências da conversão.

As normas ou leis são necessárias para um bom andamento da convivência dentro da Igreja, mas jamais podem servir como pretexto para impedir o perfeito desabrochar da vida cristã. O perigo é ficarmos seguros da salvação por estar praticando certos gestos exteriores, e não ser mais capazes de perceber em que de fato estamos pecando.

A correção aos cristãos de Éfeso é um alerta para não cometermos o mesmo erro.

Estas palavras foram ditas nas suas bodas de ouro, isto é, cinqüenta anos depois da implantação da Igreja cristã.

Não nos é dito exatamente o que estaria acontecendo em Éfeso. Talvez eles tenham caído na preocupação de julgar os erros alheios, sem o espírito de correção fraterna.

A aplicação fria da lei não produz necessariamente arrependimento, mas, com toda certeza, pessoas insatisfeitas. A insatisfação faz as pessoas sufocarem o amor mútuo.

O poder de uma Igreja cai quando os seus membros se dividem em diversos partidos. As bênçãos começam a diminuir em nossa vida quando vamos cedendo a mágoas, rancores, ódios e não tentamos, pelo menos com os irmãos na Igreja, manter a comunhão. Pode até ser que venhamos a ter dificuldades com quem não é da Igreja. Mas aqueles que são da Igreja têm de estar atentos, porque uma das armas de Satanás para enfraquecer a vida pessoal de oração e o poder de uma Igreja está nas divisões que possam surgir dentro dela. O amor fraterno é o sinal da ação do Espírito Santo está habitando em nós.

"Pois o amor de Deus foi derramado em nossos corações pelo Espírito Santo que nos foi dado" (Rm 5,5).

Todos os dons extraordinários do Espírito Santo só têm valor quando exercidos com amor: **"Ambicionai os dons melhores. E, além disso, eu vou indicar-vos um caminho infinitamente superior. Mesmo que eu fale em línguas, a dos homens e a dos anjos, se me falta o amor, sou um metal que ressoa, um címbalo retumbante..."** (1Cor 12,31-13,1ss).

Há Igrejas que dizem: "O primeiro sinal de que se tem o Espírito Santo é falar em línguas". É maravilhoso o dom de línguas, mas ele é o menor. O essencial é o amor, e quando ele vem a faltar surgem as disputas, contendas e divisões. E qual é a saída? É aquilo que Deus disse à Igreja de Éfeso: **"Lembra-te, pois, de onde caíste"** (Ap 2,5). Trata-se de perguntar: "Qual tem sido a qualidade de meu amor para com Deus e para com o próximo?" e comparar esse amor atual com o do início.

Deus é quem acende a chama do amor em nosso interior, mas as nossas atitudes podem apagá-la.

Se você nunca sentiu esse amor, essa paixão, agora é a hora, nunca é tarde para começar. Os tempos que estamos vivendo são tempos finais.

Se você é orgulhoso, reconheça: "Eu permiti que o orgulho fosse mais forte que o amor em mim, Senhor".

Você tem sentido inveja?

Sua língua anda muito solta?

Seu coração está cheio de quê? De ódio, de rancor, de mágoa?

Como anda o relacionamento com seu marido, com sua esposa ultimamente? Vocês só têm atirado insultos um ao outro?

Você está com aquele amor do início ou deixou que o mal o esfriasse?

Tome cuidado: Deus acendeu, mas você pode apagar. Para ter a bênção, "**lembra-te, pois, de onde caíste**" e "**arrepende-te**".

O arrependimento não se resume a uma emoção, não se confunde com remorso. O verdadeiro arrependimento acontece quando ouço a Palavra de Deus e me deixo convencer; quando a Palavra penetra em meu mal, em meu erro, e me faz mudar e ter a mente de Cristo: "**Ora, nós temos o pensamento de Cristo**" (1Cor 2,16). Trata-se de uma mudança da mente e evidencia-se por *atitudes, pensamentos novos*, despertados pelo Espírito. Não se trata de sair de uma Igreja e ir para outra, de deixar de ser católico e tornar-se protestante ou o contrário. Não é isso, porque quando Deus dirigiu Sua Palavra à Igreja de Éfeso, existia apenas uma Igreja, a Igreja de Cristo. Foi o pecado dos homens que semeou a confusão que vemos hoje em dia. Deus estava falando na época – e fala hoje – que é preciso mudar a motivação interior pelo poder do Espírito, e isso – esse ouvir a Palavra e esse deixar-se corrigir – é obra de uma vida inteira.

Não basta saber onde está o erro para recuperar a benção: "**Arrepende-te, e faze as obras de outrora**" (Ap 2,5b). O arrependimento acontece quando permitimos que a Palavra nos convença de nosso erro, dando-nos a graça da mudança de coração, evidenciada por atitudes novas.

Digna de nota é a palavra "**retorna às tuas primeiras obras**". O arrependimento apontado pelo Senhor não se confunde com a ilusão da mudança de Igreja ou da necessidade de um novo batismo. O Senhor recomenda uma volta à graça já recebida. Ele não aponta para uma nova estrutura, mas para a renovação interior.

A Igreja de Éfeso, porém, não ouviu a exortação do Senhor. Pouco tempo depois que essas palavras lhe foram dirigidas, veio sobre a cidade uma doença que a arrasou completamente. Sua Igreja, maravilhosa, missionária, cheia de sucesso, desapareceu, e no lugar em que ela se encontrava resta apenas lama, uma pequena aldeia onde não vivem mais cristãos. Repare no que a desobediência faz. Éfeso esfriou no amor e não aceitou a correção. A bênção lhe foi tirada.

Mas o Senhor não deseja isso para nós, o que fica claro no final da Palavra: "**O que tem ouvidos ouça o que o Espírito diz às Igrejas: Ao vencedor darei de comer da árvore da vida que está no Paraíso de Deus**" (Ap 2,5-7).

Aqui primeiro se recorda o Jardim do Éden, onde os nossos primeiros pais perderam a integridade espiritual. Fica revelado que em

Cristo alcançamos a transformação de nossa natureza decaída, e, principalmente a certeza da vida eterna.

Se ouvirmos a Palavra que Deus está nos dirigindo, se reconhecermos onde caímos, se tentarmos mudar, sabendo nos arrepender e permitindo que o Espírito Santo nos dê um fervor redobrado, o Senhor nos dará a vitória. Não existe nenhum ponto da nossa vida que não possa ser mudado. Podemos estar atravessando grandes tribulações, mas se reconhecermos que precisamos crescer ainda mais no amor, o Senhor assegura: "Eu te farei crescer também, na vitória": "**Mas em tudo isso somos mais do que vencedores, por Aquele que nos amou**" (Rm 8,37).

Creia: pelo poder de Deus, podemos mudar e vencer tudo, basta aproximar-nos com toda confiança do Senhor. Ele não nos acusa; mesmo que tenhamos permanecido até hoje distantes e sido blasfemadores. Porém, é preciso reconhecer tudo o que fizemos e com alegria dizer: "Eis-me aqui, Senhor. Eu me lembro de ter me afastado, errado, mas sei que com a Tua graça posso me levantar e a partir de hoje começar uma vida nova".

Oremos: *Deus querido, Deus amado, nós queremos aclamar ao Senhor para que esta Palavra que foi dirigida à Igreja de Éfeso possa trazer-nos ânimo, conforto e ajudar-nos em nosso crescimento espiritual. Ó, Pai queri-*

do, tu disseste contra essa Igreja: "Tenho contra ti que esfriaste no primeiro amor". Que o Teu Espírito Santo possa neste momento afervorar nossa fé se ela estiver fria; acordá-la se estiver adormecida. Que Ele nos dê a grande certeza de que somente com um amor apaixonado por Ti seremos felizes, e nos ilumine, se erramos, para que possamos nos corrigir. Que Teu Espírito Santo nos levante para que possamos caminhar de um modo novo a partir de hoje, com Tua graça e em nome de Jesus.

Não temas o que deverás padecer

IGREJA DE ESMIRNA
(Apocalipse 2,8-11)

Ao anjo da Igreja que está em Esmirna, escreve:
Assim fala o Primeiro e o Último, o que morreu, mas voltou à vida:
Sei da tua tribulação e da tua pobreza – contudo, és rico – e das calúnias dos que se pretendem judeus, mas não são: é uma "sinagoga de Satanás".
Não receies o que deverás padecer.
Eis que o diabo vai lançar alguns dentre vós na prisão, para vos tentar, e tereis dez dias de tribulação.
Sê fiel até a morte, e te darei a coroa da vida.
O que tem ouvidos ouça o que o Espírito diz às Igrejas.

As palavras dirigidas a esta Igreja são confortadoras. Falam da importância em fixar o olhar no Senhor, não nos deixando vencer pelo sofrimento ou perseguições.

Em Esmirna, viveu um dos principais mártires do início do cristianismo: Policarpo.

Desde jovem, ele se destacou pelo gosto em ouvir a Palavra de Deus, tendo sido despertado para a fé pela pregação do apóstolo João, de quem foi discípulo.

Conta a tradição que Policarpo foi levado a uma arena com a finalidade de renegar a sua fé em Jesus Cristo, e mostrar adesão pública ao imperador romano, aceitando-o como um deus. Foi-lhe ordenado que falasse: "Morte aos pagãos". Para os esmirnenses, pagãos eram os cristãos. Diante daqueles que aguardavam as suas palavras, com a mão estendida apontou para a multidão indicando que pagãos eram todos aqueles que estavam à sua volta. Vendo-o fazer isso e imaginando que se referisse aos cristãos, ordenaram que fizesse uma profissão de fé reconhecendo a divindade do imperador romano. Mas ele se recusou. Naquele momento, fizeram uma grande fogueira para queimar o santo, mas o fogo não o queimou. Policarpo aproveita a ocasião para alertar sobre o fogo terrível da condenação eterna pelo qual terão de passar os inimigos de Deus. Novamente foi exigido que renegasse a Jesus Cristo, e o mártir respondeu: **"Faz oitenta e seis anos que sirvo a Cristo, e ele jamais me fez mal algum. Como poderei renegar o meu rei e salvador?"** Um pagão irado foi de encontro a Policarpo e o matou.

O tema da carta a Esmirna tem como ponto fundamental a questão da fidelidade a

Deus diante do sofrimento. Entre as sete Igrejas, somente duas não foram censuradas. Esmirna é uma delas. O Senhor demonstra por ela profunda ternura e misericórdia.

CONHECENDO ESMIRNA

Esmirna, a cinqüenta quilômetros de Éfeso, disputava o privilégio de ser uma das cidades principais da Ásia. Ela também possuía um porto que a fez transformar-se num grande centro de comércio e de negócios da Antigüidade. Mas em relação a Éfeso possuía algo mais forte: Esmirna era politicamente fiel a Roma e por esse motivo recebera o privilégio, entre todas as cidades da região, de construir um templo dedicado à adoração do imperador. Esta cidade tinha tudo para tornar difícil a vida dos cristãos: *no plano material,* a abundância de riqueza fazia com que seus habitantes fossem escravos do dinheiro; *no moral,* seus costumes levavam às orgias, à depravação – existiam ali, como na cidade de Éfeso, templos dedicados aos deuses pagãos onde se faziam bacanais para homenageá-los –; *no âmbito espiritual,* era obrigatório o culto de adoração ao imperador romano, tendo-se de aceitá-lo como deus.

A Igreja de Esmirna constantemente era perseguida e tinha de enfrentar a morte; não era grande como a de Éfeso, seus membros eram pessoas pobres – ao se converter, uma pessoa rica logo perdia seu título de nobreza, seus bens e amizades. A vida da Igreja era feita de sofrimentos, e é por isso que na carta que o Senhor lhe dirigiu não há censuras. Ele foi extremamente delicado, amoroso, atencioso para com essa Igreja porque sabia que ela já tinha muito sofrimento. Não precisava de mais. Dirigiu-lhe uma mensagem de ânimo para que não desanimasse diante das muitas tribulações.

Muitas vezes nós também, em nossa caminhada pela vida, somos levados a atravessar momentos de muito sofrimento, de muita dor; somos levados a enfrentar incompreensão, falta de aceitação, e é aqui que devemos descobrir quem é nosso Deus. Ele vem até nós e deseja que naquela hora em que nos sentimos abandonados, em que a dor é insuportável e as pessoas se afastam de nós, possamos compreender que está sempre presente, para nos dar Seu amor.

Leiamos o que o Senhor revelou àquela Igreja: "**Ao anjo da Igreja que está em Esmirna, escreve: 'Assim fala o Primeiro e o Último, o que *morreu, mas voltou à vida*'**" (Ap 2,8).

O uso destes títulos tem por finalidade apresentar Jesus Cristo como modelo para todos os cristãos, acentuando principalmente a sua fidelidade à vontade do Pai. Fidelidade manifestada em todas as circunstâncias, inclusive diante da morte. Pela sua obediência. Foi por isso que "**Deus o exaltou soberanamente e lhe conferiu o Nome que está acima de todo o nome**" (Fl 2,9). Os cristãos de Esmirna são chamados a imitar o exemplo de Jesus Cristo. Alguns nesta Igreja estavam desanimando, querendo até abandonar a fé por causa do preço que tinham de pagar: a própria vida. O discípulo de Cristo deve estar preparado para as dificuldades da caminhada, pois é fácil ser fiel nos momentos bons, difícil é sê-lo quando de todos os lados somos ameaçados. Para receber a coroa da vitória é necessária a perseverança até o encontro final com o Senhor. Não basta começar bem a vida cristã, é necessário concluí-la com zelo e determinação.

Qual é a realidade que mais assusta e mais revolta o ser humano? A morte. Muitas vezes, temos envergonhado ao nosso Deus, não temos sido dignos de nossa fé por sentir esse medo. Sentir medo da morte é humano, mas não é cristão. A morte não pode assustar aquele que crê em Jesus.

É muito importante entender a mensagem que o Senhor dirigiu à Igreja de Esmirna. E o Ele recorda a essa Igreja o sentido de nossa fé: Jesus ressuscitou. "**E se Cristo não ressuscitou, a nossa pregação é vazia, e vazia também a vossa fé**", diz são Paulo (1Cor 15,4). E

Ele ressuscitou para quê? Para que possamos ter uma vida nova. Temos aqui uma palavra de consolo, de ânimo, para poder entender o grande sentido da fé cristã.

Podemos entender essas palavras também em relação ao sofrimento. Muitas vezes atravessamos sofrimentos nesta vida: materiais, familiares... E aqui o Senhor nos revela o segredo para ter força e vencê-los. Muitos são derrotados porque não têm entendido e vivido o segredo da cruz. A fé cristã não é um conjunto de devoções; não é apenas questão de ir à igreja, rezar o terço, ir a Aparecida, participar de um grupo de oração... Tudo isso é uma ajuda, mas se não estivermos vivendo no poder da cruz, se Jesus Cristo não estiver entronizado em nosso coração, estaremos apenas matando tempo. Talvez seja por isso que na hora de enfrentar os sofrimentos entregamos os pontos e seguimos outros caminhos por não conhecer a Jesus.

“**Neste mundo experimentareis a aflição, mas tende confiança, eu venci o mundo**” (Jo 16,33).

A MENSAGEM DO SENHOR

O segredo para atravessar esta vida sem ser derrotado pelo sofrimento está em aprender a viver no poder da cruz. Jesus é o vencedor de tudo o que causa morte em nossa vida. O seu sacrifício, realizado de uma vez por todas, dá a vitória a todos os homens. A vitória já foi dada e está à disposição de todos os que a reivindicam. Diante dos momentos difíceis, é necessário ter a coragem de dizer:

"Isso que está me fazendo sofrer foi crucificado na cruz de Cristo. Por que estou entristecendo Jesus com este desânimo? Por que o estou envergonhando com meu desespero? Senhor, lava-me, purifica-me, cura-me com o teu precioso sangue. Eu creio no poder da tua cruz, por isso retomarei a minha caminhada, na certeza de que posso enfrentar essa aflição".

Aprendamos a não permitir que os reveses da vida tragam a morte à nossa fé. Todos estamos sujeitos a tribulações, e quem promete o contrário mente. A questão toda é que a maioria das pessoas tende a ignorar o sofrimento. Tal atitude somente causa ainda mais dor. O Senhor diz: **"Não receies o que deverás padecer... Sê fiel até a morte e te darei a coroa da vida"** (Ap 2,10).

Às vezes, dói ser fiel a Deus, principalmente quando há incompreensão da parte de pessoas que se julgam religiosas. No caso dos esmirnenses, a perseguição vinha dos judeus. Eles incentivavam os pagãos a dificultar de todos os modos a conversão ao cristianismo. Muitos convertidos eram mandados para as prisões, outros martirizados nas arena, os nobres perdiam seus títulos e propriedades... Diante de tal situação, o Senhor dá uma palavra de encorajamento: **"Sei da tua tribulação e da tua pobreza – contudo, és rico – e das calúnias dos que se pretendem judeus, mas não são; é uma sinagoga de Satanás"** (Ap 2,9). Os que são do Senhor nunca estão sozinhos em suas lutas.

Ele alerta para o perigo de uma segurança espiritual falsa baseada na impressão de que o cristão sempre está livre do sofrimento, tragédias ou perseguições. Tal crença não encontra apoio nas Escrituras.

Os cristãos de Esmirna são prevenidos deste erro e preparados para uma dura prova: **"Não receies o que deverás padecer. Eis que o diabo vai lançar alguns dentre vós na prisão, para vos tentar, e tereis dez dias de tribulação. Sê fiel até a morte, e te darei a coroa da vida"** (Ap 2,10). Como na história de Jó, Satanás é apresentado como aquele que tenta destruir os justos, mas é dada a certeza do limite do seu poder (**dez dias**). Cabe resistir pela fé às armadilhas do maligno, e assim receber a recompensa de Deus (**coroa da vida**).

O horizonte da esperança cristã ultrapassa os limites desta vida terrena e do apego às pessoas ou aos bens materiais. De nada vale estar bem no mundo, se viermos a perder o lugar junto de Deus. Existe um limite para a vida terrena, todas as nossas conquistas perderão o seu valor se não forem feitas com Deus. Quem deseja ser abençoado precisa saber morrer.

Ao dizer: "**O que morreu mas voltou à vida**", o Senhor estava recordando à Igreja de Esmirna – que naquele momento se sentia fraca – como a fé havia surgido: da morte de Jesus e de Sua ressurreição. Isso significa que na hora em que a dor se torna insuportável e nos sentimos incapazes de enfrentar um problema; na hora em que tudo está desabando e nos sentimos traídos, precisamos parar, olhar para a cruz e ver o preço que foi pago para que fôssemos salvos.

Fazendo isso com o coração, pela fé, você se descobre capaz de retomar a vida.

O Senhor quer que, na hora do sofrimento, paremos e tomemos consciência do sentido de ser cristão. Ele quer que exercitemos a fé, para nos levantar e continuar caminhando.

O apóstolo Pedro nos adverte de que a tribulação é por breve tempo: "**Por isso, exultai de alegria, mesmo se for preciso que, por algum tempo, sejais afligidos por várias provações**" (1Pd 1,6).

Ser fiel é difícil, mas é o único caminho por onde passam as bênçãos divinas: "**O que tiver ouvidos ouça o que o Espírito diz às igrejas: O vencedor não sofrerá dano algum da segunda morte**" (Ap 2,11). A pior morte não é a biológica e sim a espiritual. O cristão não teme a primeira, pois a vida eterna é mais forte do que a simples destruição do nosso corpo carnal. A segunda morte é a condenação eterna no "**lago de fogo**"(Ap 20,14), pela qual passarão "**covardes (mornos), os infiéis, os depravados, os assassinos, os impudicos, os magos, os idólatras e todos os mentirosos**..." (Ap 21,8).

As pessoas podem falar nos acusar, criticar, ser ingratas, cortar relações e esquecer o que você fez, mas tenha certeza: existe Alguém que jamais nos esquece, que sabe quem somos: nosso amado Deus.

Se neste momento você se sente fraco, deixe Deus curá-lo; se se sente oprimido, deixe-O libertá-lo dessa opressão; se se sente caído, deixe-O levantá-lo; se você se sente triste, angustiado e não sabe como fazer para se aproximar de Deus, acredite: Deus sabe como se aproximar de você. Por isso, permita que Ele o renove e lhe dê a graça de Seu amor.

OREMOS: *Deus querido, Deus amado, queremos em Tua presença, suplicar que possamos ser curados de todo sentimento de morte vindo do sofrimento, da dor, da tristeza, da an-*

gústia, dos problemas que enfrentamos em nosso dia-a-dia. Ó, Pai amado, queremos suplicar que a Tua graça possa estar em nós, possa nos curar. Pai querido, vem remover o sentimento de culpa, o complexo de inferioridade, a angústia que está no coração de algumas pessoas. Ó, Pai, queremos, em nome de Jesus, pedir que a Tua graça possa devolver-lhes a alegria de viver e encher-lhes o coração de esperança; que ela capacite cada uma dessas pessoas a não entregar os pontos diante dos problemas da vida. Obrigado, Senhor.

Abandona as falsas doutrinas

IGREJA DE PÉRGAMO
(Apocalipse 2,12-17)

Ao anjo da Igreja que está em Pérgamo, escreve:
Assim fala o que tem a espada afiada, com dois gumes:
Sei onde moras: é onde está o trono de Satanás. Entretanto, continuas ligado ao meu nome e não renegaste minha fé, mesmo nos dias de Antipas, minha testemunha fiel, que foi morto entre vós, onde Satanás habita.
Tenho, contudo, umas censuras a te fazer: há entre vós alguns que se apegam à doutrina de Balaão, o qual aconselhava Balac a armar uma cilada aos filhos de Israel para incitá-los a comer carnes sacrificadas aos ídolos, e a prostituir-se. Da mesma forma, tens alguns que se apegam à doutrina dos nicolaítas.
Arrepende-te, pois!
Senão, virei a ti em breve e os combaterei com a espada de minha boca.
O que tem ouvidos ouça o que o Espírito diz às Igrejas.

Ao vencedor, darei o maná escondido; dar-lhe-ei também uma pedra branca e, gravado sobre ela, um nome novo, que ninguém conhece, a não ser aquele que o recebe.

A cada carta o Senhor vai apresentando uma lição para toda a Igreja. Na carta dirigida a Pérgamo, ele acentua a importância da fidelidade à doutrina bíblica. Somos alertados do perigo de desvio ou contaminação de nossa fé cristã por elementos alheios a ela.

A mensagem desta carta reveste-se de atualidade diante do crescimento do espiritismo, da onda de esoterismo, incentivada pela nova era, e da rápida expansão das novas seitas ditas cristãs. A ameaça mais grave ao cristianismo não vem dos seus possíveis inimigos externos, mas quando os que se dizem cristãos são contaminados por ensinamentos contrários à doutrina cristã.

CONHECENDO PÉRGAMO

Pérgamo não possuía porto, como Éfeso ou Esmirna, mas era capital administrativa. Naquela região, habitava a autoridade máxima da província romana. Além disso, encontrava-se em Pérgamo o mais antigo templo dedicado à adoração do imperador romano, e esse culto era difundido a partir dali para toda a Ásia. Essa era a maneira de os romanos garantirem sua força, de dominarem os povos conquistados, fazendo com que obedecessem cegamente ao imperador.

De ano em ano, os romanos exigiam que a população de Pérgamo se apresentasse no templo dedicado ao imperador para jurar-lhe fidelidade. Todos tinham de fazer ali uma profissão de fé aceitando-o como seu deus, como aquele que tinha toda a autoridade sobre suas vidas, e recebiam um documento que lhes garantia segurança durante o ano inteiro.

Pérgamo tinha a segunda maior biblioteca do mundo antigo e era muito procurada por causa do ministério de cura praticado pelos sacerdotes de um deus chamado Esculápio. Esse deus era apresentado sob forma de uma cobra – os antigos acreditavam que as cobras tinham um poder de encanto. Para a Bíblia, a serpente é o símbolo do demônio, assim o Templo de Esculápio representava a presença do mal na cidade.

Em Apocalipse 2,12, o Senhor diz: "**Assim fala o que tem a espada afiada com dois gumes**". A espada é sinal de autoridade, e o imperador também a usava. Aqui o Senhor se apresenta à comunidade para dizer: que é o único que tem a verdadeira autoridade. A espada de dois gumes que Ele apresenta e que tem o poder de penetrar no mais fundo do homem, é a Palavra de Deus. O Senhor, mais uma vez, vem confirmar a essa Igreja que ela deve prestar obediência, não ao imperador, mas ao único que é digno de todo louvor, honra, poder e glória, o Cordeiro de Deus, Jesus Cristo.

Para a igreja de Pérgamo esta saudação significa uma advertência do julgamento severo a que seria submetida diante do tribunal de Cristo. Os cristãos estavam fazendo o jogo do mundo, tolerando inúmeras práticas pagãs. A forma como o Senhor se apresenta indica que Seu julgamento começará pela Igreja, porque os cristãos são chamados a viver a santidade, não as superstições do mundo: **"Pois é chegado o momento em que o julgamento começa pela casa de Deus"** (1Pd 4,17).

A MENSAGEM DO SENHOR

"Sei onde moras: é onde está o trono de Satanás. Entretanto, continuas ligado ao meu nome e não renegaste a minha fé, mesmo nos dias de Antipas, minha testemunha fiel, que foi morto entre vós, onde Satanás habita" (Ap 2,13).

Em princípio, tem-se a impressão de que a Igreja de Pérgamo está sendo elogiada por sua coragem em entregar a vida por Jesus. Sua situação exigia dos cristãos um cuidado especial para não se deixar influenciar pelas doutrinas das falsas religiões. É citado o testemunho de Antipas, provavelmente bispo de Pérgamo e que segundo a tradição cristã foi queimado vivo dentro de um touro de bronze. Mas o Senhor continua: **"Tenho, contudo, umas censuras a te fazer: há**

entre vós alguns que se apegam à doutrina de Balaão, o qual aconselhava Balac a armar uma cilada aos filhos de Israel, para incitá-los a comer carnes sacrificadas aos ídolos e a prostituir-se. Da mesma forma, tens alguns que se apegam à doutrina dos nicolaítas" (Ap 2,14-15). Balaão nessa época já não existia. Ele fora um falso profeta do Antigo Testamento (Nm 22–24) contratado pelo rei de Moab, Balac, para amaldiçoar os israelitas que haviam entrado na Terra Prometida e representavam uma ameaça a seu reino. Balaão, apresentando-se como profeta para ganhar a confiança dos israelitas, a princípio abençoou-os e, então, ensinou ao rei como enfraquecê-los: fazer com que as mulheres de Moab se casassem com os homens daquele povo. O espírito do mal enfraqueceu os israelitas. Eles tinham de ser fiéis ao Deus vivo de Israel, mas casaram com mulheres pagãs e aos poucos foram aceitando a religião, certos costumes imorais de suas mulheres. Relaxaram em seu fervor e perderam o poder de Deus.

Quando o Senhor diz que na Igreja de Pérgamo existiam seguidores de Balaão, é porque as pessoas estavam tentando adaptar a mensagem cristã aos costumes pagãos. Estavam aceitando certos hábitos, idéias e incorporando superstições, crenças que nada tinham a ver com a crença em Jesus.

Enquanto Esmirna era uma Igreja pequena, pobre, fraca, a de Pérgamo vivia num relativo conforto. Mas espiritualmente era fraca, porque infiel à mensagem de Deus.

Pérgamo tem semelhança com a situação religiosa de nosso país. Somos a maior nação umbandista do mundo; o país onde mais se fazem sacrifícios a falsos deuses; onde uma maioria que se diz católica não é firme nos princípios do Senhor. Milhões de brasileiros vão todas as semanas a um centro espírita ou a um terreiro de umbanda; outros tantos milhões não vão a terreiro, mas acreditam em umbanda, candomblé, espiritismo, mesa branca e de vez em quando tomam um passe, uma bênção ou algo semelhante. Há pessoas que se deixam guiar por mapas astrais e não saem de casa sem ler ou ouvir o horóscopo; buscam cartomantes; consultam tarô; têm pirâmides, budas para dar sorte... E muitas vezes vão à missa aos domingos. É a Igreja de Pérgamo! Estamos seguindo Balaão!

Em Dt 18,10-12 lemos: "**Não haverá no meio de ti ninguém que faça passar pelo fogo seu filho ou sua filha, que interrogue os oráculos, pratique sortilégios, magia, encantamentos, enfeitiçamentos, recorra à adivinhação ou consulte os mortos. Todo homem que assim proceder é uma abominação para o Senhor**". Quem é dado a essas práticas está seguindo um caminho de desafio a Deus.

É fundamental saber que a fé cristã não admite sincretismo. Ela exige fidelidade à Palavra. Não podemos esquecer que Pedro deu a vida por causa da fé, por não ter aceitado os costumes pagãos. Paulo morreu por ter preferido entregar a vida a aceitar as crenças dos pagãos, dos falsos deuses. É importante ter presentes os milhares de mártires que nos primeiros séculos deram suas vidas nas arenas por não aceitarem falsas doutrinas. Eles escreveram com o próprio sangue a história do cristianismo. Que direito temos nós de dizer que somos cristãos, de entrar em uma igreja e dizer que somos batizados, se estamos tornando em vão o que esses homens e mulheres fizeram por nós?

Neste espírito a Igreja nos ensina: **"Todas as formas de adivinhação hão de ser rejeitadas: recurso a Satanás ou aos demônios, evocação dos mortos ou outras práticas que erroneamente se supõem descobrir o futuro. A consulta aos horóscopos, a astrologia, a quiromancia, a interpretação de pressságios e da sorte, os fenômenos de visão, o recurso a médiuns escondem uma vontade de poder sobre o tempo, sobre a história e finalmente sobre os homens, ao mesmo tempo que um desejo de ganhar para si os poderes ocultos. Estas práticas contradizem a honra e o respeito que, unidos ao amoroso temor, devemos exclusivamente a Deus"** (*Catecismo da Igreja Católica*, n. 2116).

Em Levítico 19,31 está escrito: **"Não praticareis a adivinhação; não a procureis, pois**

tornar-vos-ia impuros". Há psiquiatras cristãos que fizeram experiências e provam que os objetos usados nesses lugares, ou levados para casa, têm o poder de contaminar as pessoas. Eles vão até mais longe e dizem que certas pessoas são inclusive afetadas em seu equilíbrio psíquico; que esses objetos e esses cultos em que se busca o contato com os espíritos maus acabam acarretando a infelicidade. Em um primeiro momento parecem trazer algo de bom, mas então acarretam a separação, problemas financeiros, a destruição da família, tudo de ruim que possa existir.

É importante entender que o Senhor estava censurando em Pérgamo a mesma atitude que temos de achar que tudo que fala de Deus é bom. Muitas vezes nossa fé é uma fé de supermercado: as pessoas acreditam um pouco no catolicismo, fazem a primeira comunhão, casam na Igreja e mandam celebrar missa; e na hora em que estão doentes vão ao benzedor, ao pai-de-santo, a seitas de cura, fazem de tudo. Como essas pessoas podem afirmar ser de Deus?

A correção continua sendo a mesma: "**Arrepende-te**" (Ap 2,16a). É preciso insistir neste ponto. Imaginamos que arrependimento é uma mera confissão de pecados; que basta falar: "Padre, eu pequei, dai-me a vossa bênção", para receber a absolvição e continuar pecando. O arrependimento é constituído de dois momentos fundamentais:

Primeiro, quem o produz é o Espírito Santo agindo em nossa vontade; esta ação sobrenatural é autêntica quando implica uma mudança da nossa mente; e, em segundo lugar, levando-a a conformar-se com o propósito de Deus apresentado na Bíblia.

O arrependimento capacita o homem a romper o pecado e a viver de acordo com mensagem de Jesus. Muitas vezes, somos teimosos, ficamos agarrados a ódios, mágoas, mentiras, meias-verdades, e temos o sorriso de santos. Muitos imaginam que por trabalhar para a Igreja têm um lugar garantido ao lado direito de Jesus. Se essas pessoas não se arrependerem, terão, sim, um lugar à direita, mas de Satanás.

O arrependimento implica convencimento do Espírito Santo sobre o pecado e, depois, mudança de mentalidade, metanóia, conversão. É preciso ter coragem de romper com todas as crendices. Significa ter a coragem de desfazer-se de todo material ligado a elas. Não devemos dá-lo a outras pessoas, e nem apenas jogá-los fora, pois isso seria o mesmo que transferir o mal. É necessário destruir tudo o que tenha ligação com as falsas doutrinas, como sinal de que de fato queremos ter a Jesus como nosso único Salvador. Não imagine ser este um ato sem conseqüências. Ele representa o procedimento de quem está quebrando toda e qualquer ligação com o engano. Deste o início do cristianismo, este foi o procedimento normal da Igreja de Cristo: **"Um bom número daqueles que se tinham entregue à magia amontoaram os seus livros e os queimaram publicamente"** (At 19,19).

Se você tem um buda, quebre-o ("Mas, padre, é de marfim..." Não importa. Quebre-o!); se tem uma figa, jogue-a no lixo! Quadros de Iemanjá, amuletos? Quebre, rasgue, queime! Jogue fora até mesmo aquelas fitinhas compradas em Salvador, em Aparecida, que as pessoas põem no pulso e mantêm ali até arrebentar, para terem um desejo realizado.

O Senhor previne: **"Virei a ti em breve e os combaterei com a espada de minha boca"** (Ap 2,16b). A vida cristã exige um estado constante de vigilância e uma conversão contínua para crescer na santidade desejada por Deus.

Ao fazer isso, você estará dizendo: "Jesus Cristo é o Senhor". E não se preocupe com "o que poderá lhe ocorrer de mal" por se ter livrado desses objetos. Quanto mais se tenta fazer o mal aos que são de Deus, mais Deus os abençoa, enviando Seus anjos para protegê-los. Alimente-se da Palavra e será vencedor e não precisará temer, porque será capaz de enfrentar tudo.

Somos advertidos ainda a não relaxar nas questões religiosas e morais. O discípulo de Cristo deve possuir princípios firmados na rocha sólida da Palavra de Deus.

A carta termina com uma promessa de bênção: "**O que tem ouvidos ouça o que o Espírito diz às Igrejas: Ao vencedor darei o maná escondido; dar-lhe-ei também uma pedra branca e, gravado sobre ela, um nome novo, que ninguém conhece, a não ser aquele que o recebe**" (Ap 2,17).

Primeira bênção prometida é o maná escondido. Qual o seu sentido? Trata-se da certeza de que o justo receberá não só alimento para o seu sustento, mas participará da mesma vida do maná descido dos céus, Jesus Cristo. O cristão começa a receber esta bênção por meio da Eucaristia e plenamente na vida eterna, quando verá Deus face a face.

A pedrinha branca era na antigüidade uma espécie de convite para entrar nas festas. Indica a participação do cristão no banquete celeste. A inscrição do nome recorda a relação de intimidade entre Deus e os seus eleitos: "**Não tenhas medo, pois eu te resgatei, te chamei pelo teu nome, tu és meu**" (Is 43,1b).

Oremos: *Deus querido, Deus amado, queremos neste momento nos apresentar diante de Ti e suplicar que Teu Espírito Santo venha nos purificar de toda infidelidade, de toda falta de firmeza, de toda crença supersticiosa em nossa vida. Queremos renunciar a todo falso caminho, a todo mal, porque desejamos ser parte do Teu povo em nome de Jesus. Amém.*

Se ouve um envolvimento com qualquer das seitas citadas, sugiro a oração de libertação que segue:

OREMOS: *Senhor Jesus Cristo, creio que morreste na cruz pelos meus pecados e ressuscitastes para me abençoar. Pelo teu sangue precioso fui perdoado e pertenço a ti.*
Confesso todos os pecados conhecidos e desconhecidos ———. Lamento tê-los cometido. Arrependo-me deles. Renuncio a todos eles. Quero também perdoar a todas as pessoas que me ofenderam (diga o primeiro nome destas pessoas).
Renuncio a toda e qualquer feitiçaria, umbanda, candomblé, espiritismo, cartomantes, tudo que diretamente ou disfarçadamente tenha origem em falsas doutrinas.
Também renuncio a qualquer ligação que membros da minha família, amigos e conhecidos tenham tido com essas obras.
Rompo com a influência desses maus caminhos, e desejo, com a ajuda do Espírito Santo, não buscar mais nenhuma solução fora da Palavra. Amém.

Tempo de arrepender-se

IGREJA DE TIATIRA
(Apocalipse 2,18-29)

Ao anjo da Igreja que está em Tiatira, escreve:
Assim fala o Filho de Deus, aqueles cujos olhos são como chama ardente e cujos pés se assemelham ao bronze precioso:
Conheço tuas obras, teu amor, tua fé, tua dedicação e tua perseverança; e tuas últimas obras ultrapassam em número as primeiras.
Mas tenho contra ti que toleras Jezabel, essa mulher que se diz profetisa e transvia meus servos, ensinando-os a se prostituir e a comer carnes sacrificadas aos ídolos.
Dei-lhe prazo para se arrepender, mas ela não quer se arrepender de sua prostituição.
Eis que vou lançá-la num leito de amarga aflição, bem como a seus companheiros de adultério, a menos que se arrependam de suas obras.
Ferirei também de morte seus filhos, e todas as Igrejas saberão que sou eu quem sonda os rins e os corações, e a cada um de vós retribuirei segundo suas obras.
A vós, porém, que, em Tiatira, ficais sem partilhar essa doutrina e sem ter sondado suas

pretensas "profundezas" de Satanás, declaro-vos: não vos imponho outro fardo.
Somente o que tendes, segurai-o firme até que eu venha.
Ao vencedor, ao que guarda até o fim minhas obras, dar-lhe-ei poder sobre as nações; com vara de ferro as apascentará, como se quebram os vasos de argila, como eu também recebi para isso poder de meu Pai, e lhe darei a estrela da manhã.
O que tem ouvidos ouça o que o Espírito diz às Igrejas.

A carta a Tiatira é uma das mais longas. Ela ajuda os cristãos a estar atentos à forma como vivem a fé.

Estamos diante de uma igreja dinâmica, fiel à prática do amor e às verdades do cristianismo. Ela possuía tudo o que normalmente é apresentado como necessário para uma igreja saudável.

O problema da igreja de Tiatira não estava nas ameaças externas, e sim em seu interior. Com esta carta aprendemos como a Igreja pode perder a sua vitalidade espiritual, ou até desaparecer, quando não está atenta às doutrinas e costumes que guiam os seus membros.

CONHECENDO TIATIRA

Tiatira tinha características diferentes de todas as cidades já examinadas. Era uma importante cidade industrial e centro comercial, famosa por suas associações de tecelões e tintureiros. Destacava-se na produção de artefatos de couro e objetos de metal, mas não era uma cidade de grande porte, nem centro administrativo do império romano. Possuía inúmeros templos dedicados aos mais diferentes deuses pagãos, mas nenhum dedicado ao culto do imperador.

A Igreja ali estabelecida não enfrentou grandes problemas com as religiões pagãs. A convivência externa foi normal, mas os seus problemas interiores fizeram com que a Igreja de Cristo desaparecesse dali, dando espaço à entrada de uma heresia denominada montanismo. Seu criador foi Montano, sacerdote pagão convertido ao cristianismo, que se autoproclamava a encarnação do Espírito Santo, portador de uma revelação superior à de Cristo. Este desvio entrou na Igreja de Tiatira no século II, separando-a do vínculo com a Igreja de Cristo.

Entre os convertidos pela pregação cristã encontramos "**uma delas, chamada Lídia, era comerciante de púrpura, originária da cidade de Tiatira, que já adorava a Deus. Ela era toda ouvidos; pois o Senhor abrira-lhe o coração para torná-la atenta às palavras de Paulo**" (At 16,14), uma das responsáveis pela implantação do cristianismo em Tiatira.

O Senhor diz em Apocalipse 2,18: "**Ao anjo da Igreja que está em Tiatira escreve: Assim fala o Filho de Deus, aquele cujos olhos são como chama ardente e cujos pés se assemelham ao bronze precioso**".

Algumas figuras importantes são usadas:

– **o Filho de Deus**. Esta é a única vez em que o Senhor recebe este título no Apocalipse. Possivelmente foi usado por se localizar em Tiatira o templo de Apolo, o deus sol, filho de Zeus. A mensagem deste título é clara: o verdadeiro Filho de Deus a quem foi dado todo poder no céu e na terra é Jesus Cristo;

– **olhos como chamas ardentes.** Os olhos indicam que nada escapa do olhar de Cristo Jesus; as chamas de fogo falam do iminente julgamento e da importância de a Igreja não perder de vista o espírito de arrependimento, para crescer em um estilo de vida diferente do mundo;

– **pés semelhantes ao bronze precioso.** O bronze fala do poder dos pés do Senhor que pisará o mal. O bronze demonstra que só Ele tem autoridade. Por mais alta que seja, a autoridade humana é sempre limitada, mas a de Jesus é divina, superior a todo poder deste mundo. O Senhor se apresenta dessa maneira para a Igreja de Tiatira porque ela estava dividida internamente.

O Senhor nos alerta para o cuidado que devemos ter na forma como estamos recebendo o Evangelho. A pregação da Palavra tem como finalidade modificar nossa vida interior, nossos pensamentos, nossa maneira de agir, trabalhar, falar, pensar a respeito dos outros. Somos uma Igreja de verniz, superficial, quando não deixamos a pregação do Evangelho falar ao nosso coração e nos transformar. Quando o Senhor diz que "**tem olhos como chamas de fogo**", isto significa que os olhos do Filho de Deus estão fixos sobre sua Igreja, sobre cada um de nós.

Toda a verdade da nossa religião depende de nossa saúde interior: "**De fato, é do interior, é do coração do homem que saem as más intenções, desregramentos, furtos, homicídios, adultérios, cupidez, perversidades, astúcias, invejas, injúrias, vaidades, insensatez. Todo este mal sai do interior e torna o homem impuro**" (Mc 7,21-23).

A Palavra de Deus é muito clara: "**Eis que eu venho em breve**" (Ap 22,12).

Não saberemos o dia, tome muito cuidado com falsos profetas que muitas vezes aparecem prometendo que Jesus voltará numa determinada data; tome cuidado com pessoas que se dizem cheias do Espírito, com revelações absurdas. Cremos que Jesus voltará em breve, mas nunca será dado a nenhum homem saber o dia, o mês ou o ano. A volta será como a chegada de um ladrão, que não manda aviso. O ladrão vem de surpresa: quando você menos espera, ele surpreende e assalta. Quando o Senhor diz que virá em breve, significa que voltará e irá surpreender a muitos descansando, relaxados, no erro, e outros firmes. O Senhor não vai olhar se você tem aparência de santo, se bajulou a um ou a outro; Ele vai sondar seu coração, suas intenções, seus sentimentos. A lei maior, não nos esqueçamos, é a lei do amor.

A MENSAGEM DO SENHOR

Há duas partes muito claras na mensagem: a primeira está em Apocalipse 2,19: "**Conheço tuas obras, teu amor, tua fé, tua dedicação e perseverança e tuas últimas obras ultrapassam em número as primeiras**".

Os cristãos de Tiatira aparentemente estavam no rumo certo, pareciam crescer no conhecimento da Palavra, desenvolviam os mais diversos serviços dentro e fora da Igreja. Aos irmãos de Éfeso o Senhor exortara que voltassem às primeiras obras, aqui é elogiado o progresso na virtude.

Existia um grupo muito fiel, que procurava estender a mão àqueles que caíam e formar um corpo unido pela Igreja.

Apesar do elogio inicial, esta Igreja estava dando espaço a algo grave: "**Mas tenho contra ti que toleras Jezabel, essa mulher que se diz profetisa e transvia meus servos, ensinando-os a se prostituir e a comer carnes sacrificadas aos ídolos**" (Ap 2,20). No desejo de aprofundar o conhecimento do Senhor podem-se cometer erros por falta de discernimento.

Em Tiatira, começou a destacar-se uma mulher que imitava os dons espirituais, e que era tida como profetisa. Muitos começaram a segui-la, sendo levados a entrar em conflito com os dirigentes da Igreja. Satanás não fica satisfeito com o crescimento espiritual e unidade dos cristãos, e a sua tática é semear o joio da atração de doutrinas novas em desacordo com o verdadeiro depósito da fé.

Essa falsa profetisa é chamada de Jezabel para lembrar da esposa do rei Acab (cf. 1Rs 16,29ss). Acab era israelita, e se casou com Jezabel, uma pagã de costumes impróprios para o povo de Deus. Com esse casamento, muitos israelitas foram levados a praticar crendices e superstições da religião pagã de Jezabel. Essa situação provocou o declínio espiritual dos judeus governados por Acab, a ponto de a Escritura afirmar: "**...Realmente, não houve ninguém que como Acab se entregasse a fazer o que é mau aos olhos do Senhor, desvia-**

do como era por sua mulher, Jezabel. Ele agiu de maneira sumamente abominável, prestando culto aos ídolos, exatamente como os emoritas, que o Senhor destituíra diante dos filhos de Israel" (1Rs 21,25-26).

O Senhor previne do perigo de acontecer o mesmo à Igreja de Tiatira. A mulher que ali vivia era envolvente em seus argumentos, levando um bom número de membros da igreja a se desviarem dos padrões da Palavra. Em 2Pd 2,1 somos prevenidos: **"Também houve falsos profetas entre o povo; igualmente haverá entre vós falsos doutores que introduzirão sorrateiramente doutrinas perniciosas, chegando até a renegar o Senhor, que os resgatou, atraindo sobre si uma perdição que não poderá tardar"**. O caminho seguro para não errar é permanecer firme na doutrina ensinada desde sempre pela Igreja. Paulo nos dá um princípio muito útil: **"Não que haja outro; há apenas pessoas que lançam a perturbação entre vós e querem transtornar o Evangelho de Cristo. Mas se alguém, mesmo nós ou um anjo do céu, vos anunciasse um evangelho diferente daquele que vós anunciamos, seja anátema! Já o dissemos e agora torno a dizê-lo: se alguém vos anunciar um evangelho diferente daquele que recebestes, seja anátema!"** (Gl 1,7-9).

A nossa fé não pode ser uma mescla de idéias vagas, pela qual aceitemos algumas coisas e outras não. A doutrina cristã não depende da nossa opinião ou da de algum pregador; ela é um patrimônio confiado por Jesus aos apóstolos para ser difundido a todos os homens. A Igreja de Cristo sobreviveu ao paganismo em virtude da sua unidade doutrinária. A armadilha maligna do inimigo de Deus é levar os membros da Igreja a duvidar da fé, em vez de aprofundar o seu conhecimento. Quantos dão ouvido a críticas, mas não têm o mesmo cuidado em examinar as verdades criticadas.

A igreja de Tiatira começou a se desviar da verdadeira doutrina e a seguir costumes imorais, não aceitou a correção do Senhor, abriu a porta para outras heresias, como o montanismo no século II. A conseqüência foi desastrosa: no final do século II, deixou de existir ali qualquer Igreja cristã. Deste modo cumpriu-se a predição de Ap 2,22-23: **"Eis que vou lançá-la num leito de amarga aflição, bem como a seus companheiros de adultério, a menos que se arrependam de suas obras. Ferirei também de morte seus filhos, e todas as Igrejas saberão que sou eu quem sonda os rins e o coração, e a cada um de vós retribuirei segundo suas obras"**. O conteúdo destas palavras serve como um sinal de que o nosso Deus é aquele que tudo vê, dá a possibilidade da correção, mas deseja sincera conversão.

Em nossos dias, o perigo deste erro está novamente entrando na Igreja das mais diferentes maneiras. Temos os cristãos liberais que afrouxam os princípios doutrinais, tentando reduzir a adesão a Jesus Cristo a uma mera luta por uma sociedade justa, como se o cristianismo fosse uma espécie de sindicato ou partido político. Quantos acabam sendo instrumentos de Satanás por meio das suas posições de contestação dentro da Igreja. Nenhum líder tem autoridade para modificar individualmente o patrimônio da fé revelado na Palavra, transmitido pelos nossos primeiros pais da fé desde o início do cristianismo, e zelosamente guardado por aqueles a quem Jesus Cristo pôs à frente do Seu rebanho.

Uma autêntica renovação espiritual não leva a negar o patrimônio da fé herdado das origens da Igreja. O cristão cheio do Espírito Santo ama a Igreja e demonstra esse sentimento trabalhando para que ela seja fiel à missão confiada pelo Senhor.

As novas seitas confundem a muitos com a sua interpretação isolada de alguns versículos, fazendo perder a visão correta do todo da mensagem revelada. A primeira conseqüência de tal erro é trazer para dentro da Igreja contestações negativas para a comunhão entre os irmãos. O passo seguinte é criar o mal-estar dos partidários desta ou daquela posição. E, por último, o perigo da separação, levando as pessoas a não praticarem mais nada, ou a mudarem de Igreja ou a criarem uma Igreja nova. Tal fenômeno já estava presente no início do cristianismo. Para evitá-lo é dado um conselho preciso e duro: "**Mas as vãs pesquisas, as genealogias, as disputas, as controvérsias acerca da lei, evita-as: são inúteis e vãs. Se alguém for herético, afasta-o depois de uma primeira e uma segunda advertência**" (Tt 3,9-10).

Aos fiéis de Tiatira é dirigida uma orientação: "**A vós, porém que, em Tiatira, ficais sem partilhar e sem ter sondado suas pretensas profundezas de Satanás, declaro-vos: não vos imponho outro fardo. Somente o que tendes, segurai-o firme até que eu venha**" (Ap 2,24-25). Aqui é confirmada a importância de permanecer nos ensinamentos recebidos da Igreja. É mais fácil as nossas idéias ou as de um pregador estarem erradas do que as verdades nascidas do consenso de toda a Igreja. Para Éfeso foi dito "**arrepende-te e faze as obras de outrora**" (Ap 2,5b), para Tiatira "**o que tendes, segurai-o firme**", dando sempre o sentido de que os conflitos ou dificuldades não são argumentos para dividir o corpo de Cristo.

Devemos estar atentos. De tempos em tempos, dentro da Igreja infiltram-se pessoas semelhantes a Jezabel, que são instrumentos de Satanás e podem até alegar estar falando em nome do papa, ou afirmar ter recebido uma revelação de Deus!

Ao se dirigir à Igreja de Tiatira, o Senhor está apresentando uma regra de discernimento para que possamos separar aqueles que são do Senhor daqueles que não o são: nenhuma revelação, nenhum ensino pode modificar, ou acrescentar, aquilo que está na Bíblia e é ensinado pela doutrina da Igreja. São Paulo diz: "**Assim, pois, irmãos, ficai inabaláveis e guardai firmemente as tradições que vos ensinamos, de viva voz ou por carta. Que o próprio Senhor Jesus Cristo e Deus, nosso Pai, que nos amou e concedeu por graça, uma consolação eterna e uma boa esperança**" (2Ts 2,15). E o apóstolo Paulo chega afirmar, na Carta aos Gálatas: "**Mas se alguém, mesmo nós ou um anjo do céu, vos anunciasse um evangelho diferente daquele que nós vos anunciamos, seja anátema!**". Quando alguém dentro da Igreja cria algum partido, pondo um contra o outro, isso já não é de Deus. porque quem divide é do Diabo (*diabolus*, "aquele que divide").

Uma segunda regra que o Senhor apresenta para o nosso discernimento é recordar que a autoridade da Igreja foi recebida do próprio Cristo. Não se esqueça disso. Quando Jesus ressuscitado estava para voltar para junto do Pai, o que disse à Sua Igreja? "**Como o Pai me enviou** [em outras palavras, 'me deu autoridade'], **assim também eu vos envio** [dou agora autoridade a vocês]" (Jo 20,21).

Quando não estou em comunhão com o pastor do lugar em que moro, tenho duas saídas: ou, para não ficar em pecado, me reconcilio com ele; ou, não sendo possível a reconciliação por algum motivo, freqüento outra comunidade – isto não significa mudar de religião. A Igreja tem de ser um corpo que cresce na comunhão, um corpo em que saibamos viver a Palavra.

A firmeza da Palavra nos leva a viver a integridade da fé. A fé cristã não pode ser uma mistura de coisas, uma aceitação de tudo que existe no mundo.

A carta a Tiatira termina com uma promessa: "**Ao vencedor, ao que guarda até o fim minhas obras, dar-lhe-ei poder sobre as nações; com vara de ferro as apascentarão, como se quebram os vasos de argila, como eu também recebi para isso poder deu Pai, e lhe darei a estrela da manhã**" (Ap 2,26-28). Esse poder é aquele de que Jesus falou em Atos 1,8, o poder que vem da ação do Espírito Santo em nossa vida.

Quando o Espírito Santo age com liberdade, passamos a ser pedras vivas da Igreja de Jesus Cristo, firmados na Palavra e praticando o Evangelho sem medo de perder amizades.

Romper com o mundo, sendo verdadeiro e autêntico, não permanecendo no "**banco dos zombadores**" (Sl 1,1).

A Palavra que o Senhor dirigiu à Igreja de Tiatira constitui a maior de todas as cartas, porque o problema dessa Igreja é um dos mais sérios – o que Jesus pediu na oração sacerdotal em João 17? "**Pai, que todos sejam um, para que o mundo creia que Tu me enviaste.**" Não é que não tenhamos problemas entre nós. Temos, é claro, mas se o Espírito está agindo aprendemos a enfrentá-los e superá-los. Porém, temos de nos afastar das pessoas que tentam quebrar a união do Corpo de Cristo.

Na Igreja primitiva, o presbítero julgava os casos de infidelidade à Palavra e então declarava, diante de todos: "Fulano não é mais da Igreja". Não pensem que nesse momento alguém se levantava e dizia: "Mas ele é meu irmão!" ou "Poxa... é meu amigo!" E não havia condescendência alguma na situação... Não se punham panos quentes.

Sejamos instrumentos de Deus para poder dar ao mundo nosso testemunho do amor apaixonado pela Igreja. O Senhor elogiou na Igreja de Tiatira aquele grupo que era paciente, fiel, generoso, soube perseverar. É preciso firmeza na Palavra, firmeza generosa, principalmente com os mais fracos para ajudá-los a levantar-se.

Termina a carta com uma promessa preciosa: "**...e lhe darei a Estrela da manhã**". Aí é recordada a profecia de Nm 24,17: "**Eu o vejo, mas não é para agora, observo-o, mas não de perto: de Jacó sobre uma estrela, de Israel surge um cetro...**" Esta estrela profetizada é o próprio Cristo, luz da humanidade.

Ao apresentar-se como "**estrela da manhã**", anuncia o novo tempo de Deus. Na doutrina pagã, o planeta Vênus era identificado como a estrela da imortalidade. Jesus Cristo indica que somente Ele tem o poder de dar isso aos homens. Quem for encontrado na comunhão de fé desejada pelo Senhor receberá a participação na Sua glória eterna, por ocasião da sua segunda vinda.

OREMOS: *Deus querido, queremos aprender, com o auxílio do teu Espírito Santo, a permanecer firmes na Palavra. Ó, Pai, que possamos permitir que Tua Palavra nos corrija, fortaleça, anime; que ela possa nos conduzir, nos dirigir, para que sejamos fortes em tuas promessas, porque teu nome é maravilhoso. Ó, Pai, nós pedimos que, em nome de Jesus, teu Espírito Santo nos alcance essa graça.*

Sê vigilante

IGREJA DE SARDES
(Apocalipse 3,1-6)

*Ao anjo da Igreja que está em Sardes, escreve:
Assim fala o que tem os sete espíritos de Deus e as sete estrelas:
Conheço tuas obras: tens fama de estar vivo, mas estás morto!
Sê vigilante! Consolida o resto que está para morrer, pois não achei perfeitas as tuas obras aos olhos de meu Deus.
Lembra-te, pois, do que recebeste e ouviste.
Guarda-o e arrepende-te!
Se não vigiares, virei como um ladrão, sem que saibas a que horas virei surpreender-te.
Em Sardes, contudo, tens algumas pessoas que não mancharam suas vestes.
Elas me acompanharão, vestidas de branco, pois são dignas.
Assim, o vencedor se trajará com vestes brancas; não apagarei seu nome do livro da vida e por ele responderei diante do meu Pai e de seus anjos.
O que tem ouvidos ouça o que o Espírito diz às Igrejas.*

A carta à Igreja de Sardes apresenta uma das mais severas condenações dirigidas às sete Igrejas. Por ocasião da revelação desta carta, Sardes estava vivendo um tempo de decadência espiritual e moral. O grave é que, apesar de tal situação, ela aparentava ser uma igreja estável, saudável, tranqüila. Os seus membros gozavam da reputação de pertencer a uma Igreja florescente, ativa e bem-sucedida. Não demonstravam possuir problemas sérios.

CONHECENDO SARDES

Sardes ficava a cinqüenta quilômetros de Tiatira. Fora no passado capital da Lídia, um reino poderoso. Depois da conquista feita por Ciro, rei da Pérsia, Sardes nunca mais voltou a seu esplendor.

Quando foi escrito o Apocalipse, Sardes fazia parte do império romano como uma das suas províncias. Já não era uma cidade importante do ponto de vista religioso, político ou militar, mas destacava-se comercialmente por estar no entroncamento das cinco principais estradas da região. A fama desta cidade não era das melhores, pois seus habitantes foram descritos como gente espiritualmente apática, de maus costumes e dada à imoralidade. Provavelmente esse ambiente influenciou o proceder dos membros da Igreja.

Desta Igreja ficou um saldo triste: foi a primeira a receber a pregação do evangelho na região, provavelmente por meio do trabalho do próprio João; também uma das primeiras a abandonar a fé, e a conseqüência foi a sua destruição.

"Assim fala o que tem os sete Espíritos de Deus e as sete estrelas" (Ap 3,1a).

Destaca-se nesta apresentação o número sete, que biblicamente significa a plenitude. Esta plenitude tem por objetivo levar a Igreja de Sardes a um novo começo por meio da renovação espiritual. Entre todas as maravilhas do Cristo ressuscitado, destaca-se aquela em que: **"...soprou sobre eles** (discípulos) **e lhe disse: Recebei o Espírito Santo**..." (Jo 20,22). O sopro de Jesus recorda o sopro de Deus dando ao homem o espírito da vida: **"O Senhor Deus modelou o homem com pó apanhado do solo. Ele insuflou nas suas narinas o hálito da vida, e o homem se tornou um ser vivo"** (Gn 2,7). Com o sopro do início da criação, o homem começou a viver, sendo a única obra criada a receber o sopro divino, mas com o sopro de Jesus cumprem-se todas as promessas de uma nova criação vinda por obra do Espírito Santo.

São usadas duas imagens para falar da realidade que devolverá à Igreja de Sardes o seu antigo vigor:

"...os sete Espíritos..." é uma maneira para dizer que Ele possui a plenitude do Espírito Santo. Aqui são recordados os sete dons do Espírito da profecia de Is 11,2-3: **"Sobre ele repousará o Espírito do Senhor, Espírito de sabedoria e de discernimento, Espírito de conselho e de valentia, Espírito de conhecimento e de temor do Senhor. Ele lhe inspirará o temor do Senhor"**. Talvez os cristãos desta Igreja estivessem perdendo a visão da importância do exercício dos dons do Espírito para o crescimento pessoal e da Igreja. Os cristãos de todos os tempos correm sempre o risco de enfraquecer a vitalidade do Espírito em suas vidas. Os motivos são principalmente dois: o desejo de ser aceito pelo meio em que vivem, fazendo com que se reduza Deus ao padrão humano; ou, o mais grave, permitir que hábitos e costumes do mundo sejam mais fortes do que os valores do Evangelho. Nos dois casos, perde-se a característica fundamental do cristianismo: o poder do Espírito Santo. Deste modo, diante de um enfraquecimento espiritual existe a necessidade de um reavivamento para que não se perca a salvação. Este renovar do Espírito não acontece unicamente no momento de nossa conversão; deve ser um processo contínuo. Quem não entende esta verdade estaciona na vida cristã ou simplesmente acaba abandonando tudo.

"...as sete estrelas" recordam que todo poder diante da Igreja (= estrela) foi dado a Ele, e assim a plenitude do Espírito somente será derramada se a Igreja de Sardes se submeter a Seu Senhorio.

A MENSAGEM DO SENHOR

O pano de fundo de toda a mensagem à Igreja de Sardes está apresentado em Ap 3,1b: **"Conheço tuas obras: tens fama de estar vivo, mas estás morto"** (Ap 3,1b). Aí é dado um alerta fundamental para a vida cristã: sempre existe o perigo de transformar a fé em algo bonito por fora, mas sem consistência interior. Quando não entendemos essa verdade passamos a viver o tipo de religião censurada por Jesus Cristo: apegada a certas práticas religiosas, sem uma mudança de coração. Temos um exemplo desta censura em Mt 23,23: **"Ai de vós, escribas e fariseus hipócritas, que pagais o dízimo da hortelã, do funcho e do cominho, enquanto descuidais o que há de mais grave na lei: a justiça, misericórdia e a fidelidade; é isto o que era preciso fazer sem omitir aquilo, guias cegos, que filtrais o mosquito e engolis o camelo"**. O dízimo não foi condenado, e sim revelado o espírito da verdadeira espiritualidade: tornar o homem melhor em seu proceder. Seguir literalmente os mandamentos de Deus não basta, se não for acompanhado por um sincero processo de conversão. O Senhor não revelou a Sua Lei como simples norma religiosa, mas para levar os homens a construírem as suas vidas sobre dois eixos: a comunhão com Ele e o relacionamento fraterno com os seus semelhantes. Este foi o ensino de Jesus quando lhe perguntaram: "**'Mestre, qual é o grande mandamento da lei?' Jesus declarou-lhe: 'Amarás o Senhor teu Deus de todo o teu coração, com toda a tua alma e com todo teu pensamento. Eis o grande, o primeiro mandamento; um segundo é igualmente importante: amarás teu próximo como a ti mesmo'**"(Mt 22,36-39). O risco é cair em um extremo grave: em nome de Deus justificar uma prática religiosa feita de fanatismos ou moralismos, como os fariseus e escribas, que em vez de se alegrarem com a conversão dos pecadores, censuravam Jesus dizendo: "**Este homem dá boa acolhida aos pecadores e come com eles!**" (Lc 15,2). Devemos ser juízes de nós mesmos e não dos nossos irmãos: " **...Irmãos, não faleis mal uns dos outros. Quem fala mal de um irmão, ou julga seu irmão, fala mal da uma lei e julga uma lei; mas se julgas uma lei, ages como juiz e não como cumpridor da lei**" (Tg 4,11).

A razão de ser do nosso cristianismo não está em uma mera mudança de hábitos exteriores, como levam a crer certas seitas. Jesus morreu na cruz para algo mais profundo. Os judeus se orgulhavam de ser os herdeiros da aliança de Deus, e Paulo lhes disse: "**...Com efeito, não é o que se vê que faz o judeu, nem é a marca visível, na carne, que faz a circuncisão, ma s é o que fica oculto que faz o judeu, e a circuncisão é a do coração, a que se refere ao Espírito e não `letra. Eis, pois, quem recebe o seu louvor, não dos homens, mas de Deus**" (Rm 2,28-29).

Os judeus com os quais o apóstolo Paulo discutiu na Carta aos Romanos – porque se diziam os herdeiros da aliança de Deus e se escondiam atrás de certas normas: "Nós somos o povo de Deus, porque existe a circuncisão, porque somos aqueles que receberam Sua lei" – eram como certos católicos ou certos crentes, que se dizem salvos por ser católicos, ou por ser crentes. A circuncisão que o Senhor deseja fazer é justamente lá onde mais resistimos, onde mais usamos máscaras, onde mais nos agarramos a nossas opiniões e meias-verdades. A verdadeira circuncisão, a mais dura, é a do coração, corte com nossa antiga vida realizado por Jesus na cruz.

Hoje o apóstolo diria "é cristão não aquele que fica apegado friamente a suas verdades religiosas particulares, mas o que permite ao Espírito Santo mudar o coração de pedra".

Limitar a conversão a uma simples questão de hábitos e costumes, como por exemplo não cortar cabelo, não usar saia, não usar maquiagem ou jóias, ou à mera participação de cerimônias religiosas transforma a salvação em uma atitude sem valor. Se o nosso encontro com Deus não nos torna melhores em nossos relacionamentos, não é verdadeiro. O autêntico culto a Deus começa em nosso coração rendido à Sua bondade.

O caminho apontado pelo Senhor é: **"Sê vigilante! Consolida o resto que está para morrer, pois não achei perfeitas as tuas obras aos olhos de Deus"** (Ap 3,2).

A atitude de vigilância nada mais é do que o processo contínuo de conversão. Trata-se de não permitir que o despertar vibrante seja substituído por uma prática religiosa rotineira e sem entusiasmo. Tal procedimento equivaleria a estar morto espiritualmente. Esta era a situação da Igreja de Sardes: estava morta, e ninguém notara. Todavia, a correção do Senhor se apresenta cheia de misericórdia: **"...consolida o resto que está para morrer".** Nestas palavras aprendemos que em Deus sempre existe uma nova chance, pois enviou o Seu Filho amado **"para que todo homem que nele crê não pereça, mas tenha a vida eterna"** (Jo 3,16).

No chamado à vigilância, o Senhor recorda Mt 24,43-44: **"Vós bem sabeis: se o dono**

da casa soubesse em que momento da noite ia chegar o ladrão, vigiaria e não deixaria arrombar a parede de sua casa. Eis por que, também vós, estai preparados, pois numa hora que não pensais é que vem o Filho do Homem”. Aí está descrita a atitude do autêntico seguidor de Jesus Cristo: estar sempre pronto para recebê-lo na Sua nova e definitiva vinda. A vida do cristão é vivida na expectativa de que o Senhor está prestes a voltar, e neste dia teremos de dar conta da vida recebida como um dom a não ser desperdiçado. Quando, no horizonte da vida espiritual, se perde a visão da Segunda Vinda de Cristo cria-se um cristianismo moldado às limitações do mundo. A fé perde o seu brilho e a prática religiosa passa a ser uma atividade sem incidência na vida.

“Lembra-te, pois, do que recebeste e ouviste. Guarda-o e arrepende-te! Se não vigiares, virei como ladrão, sem que saibas a que horas virei surpreender-te” (Ap 3,3).

Recordar-se de como começou a vida com o Senhor e como cresceram as suas maravilhas tem uma dupla finalidade: estímulo para não se deixar abater pelo desânimo, impulso positivo para o crescimento espiritual. Lembrar dos feitos de Deus forma no interior a convicção de que se Ele operou no passado o fará no presente ou em qualquer outro tempo de nossa vida.

Nas horas de vacilação ou até de alguma queda, em vez de alimentar a murmuração, é necessário com Maria proclamar: **“Minha alma exalta o Senhor e meu espírito se encheu de júbilo por causa de Deus, meu Salvador... porque o Todo-Poderoso fez por mim grandes coisas. Santo é o seu Nome”** (Lc 1,46-47.49). A cura da derrota causada pelos problemas do cotidiano vem do ato pelo qual declaramos a grandeza do nosso Deus, o qual manifesta a certeza de Sua proteção para a nossa vida.

A importância da vigilância é ressaltada uma segunda vez: **“Se não vigiares, virei um ladrão...”** Tal insistência poderia dar a impressão de que o Senhor quer surpreender o homem em algum erro para castigá-lo, como se fosse seu propósito criar um constante clima de medo diante da vida. O fato de repetir o chamado à vigilância é um alerta para que não nos desviemos da meta dos filhos de Deus: a vida eterna feliz. Não fomos criados para viver somente na dimensão humana ou terrena, somos cidadãos de outra Pátria. O destino daqueles que conhecem a Deus é o céu. Para merecê-lo é necessário viver com alegria na graça de Deus, estando sempre prontos para apresentar-lhe as contas da nossa vida. Esta carta nos fala da importância de não adiar a reconciliação com Deus. Somos chamados a ser sempre dóceis ao Espírito Santo para reconhecer as áreas de nossa vida em que estamos precisando de correção.

Cristão não é simplesmente aquele que afirma: "Eu sou cristão", "Eu fui batizado", e muito menos aquele que diz: "Eu vou à igreja". O verdadeiro cristão é aquele que permitiu que seu interior fosse transformado pelo poder de nosso Deus.

Como podemos viver uma vida de falsidade, se nossa salvação teve como preço a morte de Jesus? Se morremos com Cristo, o Espírito Santo dado por Ele deve ter o controle de nossos pensamentos, de nossos desejos, de nossos sentimentos; deve desmascarar nossas mentiras e assumir o controle de nossa vida. O que o Senhor espera de Sua Igreja é justamente a integridade interior. De nada vale o que fazemos se nosso coração continua nas trevas.

O Senhor diz à Igreja de Sardes: **"Sê vigilante! Consolida o resto que está para morrer, pois não achei perfeitas as tuas obras aos olhos de meu Deus"** (Ap 3,2). Essa Palavra é extremamente necessária para a nossa vida. Ao ouvir falar da necessidade de mudança, muitas vezes ficamos chocados, achando que Deus quer nossa condenação, que Ele é semelhante às pessoas que nos acusam e nunca esquecem o erro que cometemos.

Não, nosso Deus não condena, não é vingativo. Ele está sempre pronto a dar uma nova chance; deseja que os Seus possam sair da morte em que estão submersos. Para o nosso Deus, sempre existe a possibilidade de volta. Ele deseja nos envolver em Seu abraço, nos levantar e dizer: "Eu te amo, tu és meu, e por isso eu quero a tua felicidade". E é muito importante entender que essa chance vem pelo arrependimento. Ele deseja que a partir de nosso erro possamos aprender a não mais errar. Nossa falha é querer o perdão desde que possamos continuar no erro. Isso não revela arrependimento. Deus está sempre pronto a nos receber de volta, mas deseja que reconheçamos o erro e tentemos mudar. Sua intenção não é criar sentimento de culpa, humilhar, fazer rastejar, mas converter. Muitas vezes, as pessoas querem que reconheçamos nosso erro apenas para nos humilhar: "Ah, eu perdôo, mas ele tem de vir rastejando!" Nosso Deus não é assim. O arrependimento produzido em nós pela ação do Espírito Santo traz alegria.

"**Lembra-te, pois, do que recebeste e ouviste. Guarda-o e arrepende-te**" (Ap 3,3). É importante lembrar-se de como e quando recebemos a Palavra de Deus; da pessoa de quem a recebemos, para não perder aquilo que foi vivido no início de nossa caminhada com o Senhor.

"**Sê vigilante**", diz o Senhor. Se não estamos atentos, existe o perigo de, com o passar do tempo, nos deixarmos contaminar por antigos erros, que cometíamos antes de ter Jesus. Era o que estava acontecendo com a Igreja de Sardes. Ela foi uma das primeiras na região a receber, do apóstolo Paulo, a pregação do Evangelho. Mas com o passar dos anos, foi dando desculpas a certos erros e certas falhas, aceitando atitudes em flagrante desacordo com a Palavra. A Igreja acabou ruindo.

Imaginamos que porque um dia tivemos a experiência de Deus não teremos mais problemas, que nada mais irá nos ameaçar, então descuidamos, inclusive do que está vindo a nossos pensamentos.

A Bíblia é muito clara em falar que o diabo foi submetido ao ridículo na cruz, e quem está em Cristo não precisa temê-lo: **"Ele despojou as autoridades e os poderes e os expôs publicamente em espetáculo, ele os levou após si no cortejo triunfal da cruz"** (Cl 2,15). Mas é preciso aprender a maneira sutil como ele age. O diabo está constantemente lançando suas setas e não estamos percebendo, porque perdemos tempo em olhar para onde ele não está (infelizmente, há pessoas que o vêem em todos os lugares, responsabilizando-o por tudo). Ele, por exemplo, joga críticas em nosso pensamento: se ultimamente você tem criticado muito o seu marido, a sua esposa, os filhos; se você vai à igreja e acha defeito em tudo e em todos, tome cuidado. Vigie. Ele semeia certos julgamentos precipitados, ou temerários; espalha a preguiça... o desânimo... a má vontade; fomenta a divisão... Por esses meios o inimigo prepara a infelicidade para muito bom cristão.

O Senhor fala claramente à Igreja de Sardes, que estava se desviando: "**Se não vigiares, virei como um ladrão, sem que saibas a que horas virei surpreender-te**" (Ap 3,3). Devemos acordar com essa Palavra. Deus está dizendo que pode vir hoje e nos surpreender em nossos erros. E essa volta não será acompanhada de um tocar histérico de trombetas, com as pessoas perfiladas e Jesus marchando arrogante, passando em revista as tropas. Sua volta pode ser agora, neste momento, e o Senhor diz: "Esteja pronto para prestar contas de sua vida; para apresentar o fruto de minha Palavra em sua vida; o resultado do preço que foi pago por sua salvação à cruz do meu Filho".

Não podemos adiar nossa reconciliação com Deus. Se estivermos sentindo em nosso coração que o Espírito está nos revelando áreas de nossa vida em que estejamos precisando nos corrigir; se neste momento o Espírito Santo está trazendo à nossa mente pessoas, situações que precisamos com urgência procurar para mudar, não resistamos a Ele. Se em sua casa existir a necessidade de reconciliação, não tenha vergonha de dizer: "Vamos desarmar os nossos espíritos". Tenha coragem de fazer o mesmo em seu trabalho, em sua comunidade, porque nosso Deus não aprova a soberba. O outro pode continuar guardando ódio de você, mas não tenha medo de se humilhar, porque a vitória será certa.

A carta a Sardes termina como uma promessa poderosa: "**Assim o vencedor se trajará de vestes brancas; não apagarei seu nome do livro da vida e por ele responderei diante do meu Pai e de seus anjos**" (Ap 3,5).

Nesta saudação, são usadas duas imagens: as vestes brancas e o livro da vida.

As vestes brancas indicam onde a vitória começou: o nosso batismo. Aí nascemos de novo, por obra do Espírito Santo: "**O que nasceu da carne é carne, e o que nasceu do Espírito é espírito**" (Jo 3,6). Essas vestimentas são o símbolo daqueles que permaneceram fiéis ao Senhor, e por isso andarão para sempre na Sua companhia na glória celeste. A cor branca indica a pureza, e ao mesmo tempo, a alegria de não ser em vão toda a dedicação em viver a vontade de Deus.

A figura do livro da vida recorda uma imagem profundamente bíblica: o registro do nome dos cidadãos do Reino de Deus. No

Antigo Testamento, os israelitas tinham seu nome escrito em um registro, o que garantia o direito à cidadania e a todos os seus respectivos privilégios. Semelhante a nossa certidão de nascimento, que garante sermos cidadãos do país onde nascemos. Também falava-se de um outro livro, aquele onde eram registrados o nome dos justos.

Esta segunda inscrição era considerada mais importante. Ter o nome escrito no livro da vida significava receber a certeza dos benefícios de Deus para esta vida e a eterna: **"Então, o resto de Sião, os que sobrarem de Jerusalém, serão chamados todos: todos serão inscritos em Jerusalém, a fim de que vivam"** (Is 4,3). Segundo a revelação do Apocalipse, têm o seu nome escrito no livro da vida todos os que testemunham o Senhor diante dos homens, pois Ele próprio alerta: **"Pois se alguém se envergonhar de mim e das minhas palavras, o Filho do Homem se envergonhará dele, quando vier em sua glória, e na do Pai, e dos santos anjos"** (Lc 9,26).

Oremos: *Pai querido, não queremos, no dia em que tivermos de nos apresentar diante de Ti, que nos seja dito: "És considerado vivo, mas estás morto". Não queremos apenas parecer cristãos, mas ser; não queremos parecer santos, mas ter a verdadeira san-*

tidade. Porém sabemos, Senhor, que por nossas forças não podemos alcançar isso; sabemos que somente pelo Senhor, pela Tua graça, podemos viver essa transformação. Por isso pedimos, em nome do Teu Filho Jesus: vem tirar, ó Pai, todas as máscaras, as mentiras, a soberba, os enganos que existem em nossa vida. Em nome de Jesus, vem, Senhor, nos dar a graça do verdadeiro arrependimento. Ó, Senhor, corta-nos aquilo que te desagrada e nos dá uma nova vida.

Guardaste a minha palavra

IGREJA DE FILADÉLFIA
(Apocalipse 3,7-13)

Ao anjo da Igreja que está em Filadélfia, escreve:
Assim fala o Santo, o Verdadeiro, o que tem a chave de David, que abre, e ninguém fecha, que fecha, e ninguém pode abrir:
Conheço tuas obras.
Eis que pus diante de ti uma porta aberta, que ninguém pode fechar.
Tens pouca força, e contudo guardaste minha palavra e não negaste meu nome.
Eis que te entrego alguns da sinagoga de Satanás, dos que se dizem judeus, mas não o são, pois mentem.
Eis que farei com que venham prostrar-se a teus pés, e reconhecerão que eu te amei.
Porque guardaste minha palavra com perseverança, eu também te guardarei da hora da provação, que virá sobre a humanidade toda, pondo à prova os habitantes da terra.
Venho em breve!
Segura firme o que tens, para que ninguém te arrebate a coroa.

Do vencedor, farei uma coluna no templo do meu Deus, e dele nunca mais sairá, e inscreverei nele o nome do meu Deus e o nome da cidade do meu Deus, a Nova Jerusalém que desce do céu, de junto do meu Deus, e meu nome novo.
O que tem ouvidos ouça o que o Espírito diz às Igrejas.

Dentre as sete Igrejas da Ásia, somente duas, a de Esmirna e a de Filadélfia, não receberam censuras. Essas duas Igrejas não eram nem as maiores, nem as que gozavam de melhor saúde espiritual. Pelo contrário: Esmirna e Filadélfia eram Igrejas pequenas, com poucos membros e poucos recursos econômicos, e enfrentavam um meio extremamente hostil. Apesar disso o Senhor olhou para elas e as encontrou fiéis.

Esta carta nos fala da importância em guardar a Palavra do Senhor e não negá-lo diante dos homens. Viver nesta atitude de fidelidade não depende unicamente dos nossos recursos humanos, mas da dependência ao Senhor. Para aqueles que se dispõem a essa decisão é prometida o galardão.

CONHECENDO FILADÉLFIA

Filadélfia ficava em uma região de freqüentes terremotos, por isso sua população era pequena. Estava a quarenta e cinco quilômetros de Sardes, e sua posição geográfica era como que uma porta de acesso privilegiada para a região. Esta localização estratégica favorecerá a esta Igreja a oportunidade de espalhar o evangelho.

Filadélfia não foi uma cidade importante do ponto de vista político ou econômico, todavia teve diante dos imperadores romanos um certo prestígio. Nela existia uma forte comunidade de judeus, que aos poucos converteu-se ao cristianismo.

O Senhor abre a carta a Filadélfia revelando três novos títulos:

"...Assim fala o Santo, o Verdadeiro, o que tem a chave de David, que abre e ninguém fecha, que fecha e ninguém pode abrir" (Ap 3,7).

Na Bíblia, o título de Santo é atribuído somente a Deus, assim o Senhor Jesus confirma a sua divindade, isto é, que Ele é Deus, como o Pai e o Espírito Santo o são. Por meio desta revelação, deseja estimular os cristãos de Filadélfia a reconhecerem que Ele tem o poder de santificar aqueles que são seus. Os filadelfos, por estarem a poucos quilômetros de uma igreja forte como a de Sardes, e por serem pequenos e fracos, necessitavam de um incentivo para não se deixar abater.

Ser santo não significa simplesmente ter sucesso ou ser admirado por todos. De modo geral, o santo não é aceito com muita facilidade. O santo é diferente, porque deseja ser fiel ao padrão de vida dado por Deus. O perigo em nossa vida cristã está em não entender esta questão, e assim, diante da rejeição do ambiente em que se vive ou da dificuldade de ser coerente com a fé, corre-se o risco de deixar-se vencer pelo desânimo.

Os evangelhos nos mostram que o próprio Jesus Cristo foi desprezado pelos seus familiares e pelo povo a quem foi enviado para cumprir as promessas do Pai. Por ocasião de sua ida a Nazaré, logo depois de ser tentado pelo demônio no deserto, no início de seu ministério, Jesus dá um alerta aos seus seguidores: **"Em verdade, eu vos digo, nenhum profeta é bem acolhido em sua pátria. É verdade o que vos digo: havia muitas viúvas em Israel, nos dias de Elias, quando o céu ficou fechado três anos e seis meses e sobreveio uma grande fome sobre a terra toda; no entanto, não foi a nenhuma delas que foi enviado Elias, mas sim a uma viúva em Sarepta de Sídon. Havia muitos leprosos em Israel no tempo do profeta Eliseu; no entanto, nenhum deles foi purificado, mas sim Naaman, o sírio"** (Lc 4,24–27). Este desprezo acompanhou o ministério terreno do Senhor do início de sua pregação até o momento final, por ocasião de sua condenação à cruz. Esta é uma possibilidade para todos os que se dispõem a ser diferentes dos padrões do mundo: "**Lembrai-vos da palavra que eu vos disse: o servo não é maior do que o seu Senhor. Se eles me perseguiram, também vos perseguirão**" (Jo 15,20).

Outro ponto importante em nossa vida espiritual é não temer as possíveis demoras de Deus ou a aparente lentidão para colher resultados. Muitos desistem facilmente por não conhecerem a Deus, como Aquele que tem o domínio sobre tudo. Ser santo é saber confiar na bondade divina sem jamais desistir da caminhada.

Ao se apresentar como o Santo deseja avivar o chamado de todos os cristãos à santidade. Esta obra de santificação aconteceu de uma vez por todas na cruz: "**Nesta vontade é que fomos santificados pela oblação do corpo de Jesus Cristo, efetuada de uma vez por todas**" (Hb 10,10).

Depois de ter se apresentado como o Santo, Jesus usa um segundo título: o Verdadeiro. Os homens de todos os tempos, pelos mais diferentes caminhos, sempre buscaram a verdade. Ela é apresentada como uma virtude humana admirável, a ser buscada por todos. O Senhor recorda que a verdade assim vista é impossível de tornar-se realidade, pois não passa de um ideal humano.

A verdade não é somente uma idéia, não é alcançada em sua totalidade pela via do conhecimento. Encontra a verdade plena aquele que encontra Jesus Cristo. O Verbo era a verdadeira luz que, vindo ao mundo, ilumina todo homem (cf Jo 1,9), pois é o único "**caminho, verdade e vida**" (**Jo 14,6**). **A** verdade, que é Jesus Cristo, torna-nos **"realmente homens livres"** (**Jo** 8,35) para não ser mais escravos da mentira.

Aceitar a Jesus Cristo significa mudar a nossa visão diante da vida, renovar o nosso pensamento para que o nosso agir manifeste a vida nova recebida em Cristo Jesus. Se somos livres, o nosso passado passa a ser passado. O nosso presente é vivido na intenção de fazer tudo **"como para o Senhor e não para os homens"** (**Cl 3,23**), aperfeiçoando-nos, pelo poder do Espírito Santo, "**no caminho infinitamente superior**" (1Cor 12,31), a caridade. Viver a verdade é deixar-se curar pelo amor recebido em Jesus Cristo: "**Filhinhos, não amemos com palavras nem com a língua, mas com obras e em verdade**" (1Jo 3,18).

E, finalmente, o terceiro título: "**O que tem a chave de Davi**". Aqui é recordada a promessa de Is 22,22: "**Porei a chave da casa de David sobre o ombro dele, ele abrirá e ninguém fechará, ele fechará e ninguém abrirá**". Esta profecia anunciava que Eliaquim receberia o poder de dirigir o palácio do rei Ezequias, em substituição a um funcionário corrupto. Ter as chaves do palácio significava ter acesso a todos os aposentos, inclusive ao tesouro real. As chaves de Davi eram o símbolo de autoridade e poder. O Senhor, ao tomar para si este título, revela possuir o poder de abrir e fechar o acesso a Deus, como também dar os benefícios das bênçãos celestiais para os homens e mulheres de boa vontade.

A MENSAGEM DO SENHOR

A mensagem que o Senhor dirigiu à Igreja de Filadélfia e a todos nós hoje é esplêndida e ao mesmo tempo animadora:

A Igreja de Filadélfia, apesar de ter sido encontrada fiel, era fraca, e o Senhor estava querendo aumentar sua grandeza para que ela pudesse descobrir o que significa ser cristão. Na Carta aos Hebreus 10,10, está escrito: "**Nesta vontade é que fomos santificados pela oblação do corpo de Jesus Cristo, efetuada de uma vez por todas**". Aquele que está em Cristo, aquele que, com Ele, morreu na cruz e renasceu para uma nova vida, é santificado. Lavado pelo sangue precioso de Jesus, é libertado.

Deus disse no Antigo Testamento: "**Deveis portanto ser santos, pois eu sou santo**" (Lv 11,45), mas o homem, por suas próprias forças e por mais que se esforçasse em viver a lei, jamais foi capaz de vencer a barreira que o separava do Senhor. Por isso, nosso Deus, que é misericordioso, infinito em bondade, proporcionou-nos a santificação. Se digo que sou de Cristo, fui santificado, e a minha vocação é ser santo, ser separado daquilo que antigamente me dominava.

Em Apocalipse 3,7, depois de ter-se apresentado como "o santo", Jesus usa o termo "o verdadeiro". Os homens em todos os tempos estão sempre buscando verdades, seja por meio do estudo, seja pelo espiritismo, pela umbanda, pelo esoterismo. Estão sempre em busca de caminhos, soluções, mas a verdade não é uma idéia que possa ser encontrada em um livro, um caminho qualquer. A verdade é uma pessoa chamada Jesus Cristo, que nos diz em João 14,6: **"Eu sou o caminho, a verdade e a vida. Ninguém vai ao Pai senão por mim"**. Não vamos ao Pai seguindo este ou aquele homem, esta ou aquela religião; ou por causa de Buda, de Allan Kardec, de Confúcio, de pai-de-santo ou benzedeira. Só por meio de Jesus chegamos ao Pai, e se procuramos por outro caminho é porque não conhecemos a verdade.

Jesus não é *um* caminho que se possa escolher entre tantos outros; Ele é *o único* caminho. Fora d'Ele não existe salvação; nem possibilidade de um alguém encontrar satisfação, plenitude de vida. É por isso que, sendo verdadeiro, Ele é também a chave de David, máximo sinal de autoridade. Aquele que a tem possui o poder de abrir os tesouros de Deus. Só Jesus pode abrir para nós o tesouro da Vida.

A carta à Igreja de Filadélfia revela uma maravilhosa certeza de vitória dada a todos os que são fiéis ao Senhor.

Os três títulos com que Jesus se apresentou à Igreja de Filadélfia – santo, verdadeiro, chave de David – ajudam-nos a entender o versículo seguinte: "**Conheço tuas obras. Eis que pus diante de ti uma porta que ninguém pode fechar**" (Ap 3,8a). Jesus é a porta que se abriu, por meio d'Ele se tem acesso à glória de Deus.

Se você se diz cristão e continua tomando passes por aí; consultando benzedores, horóscopos, usando amuletos e tantos outros fetiches e superstições, você ainda não tem a Jesus, porque quem O tem é fiel.

O primeiro sentido de Apocalipse 3,8 é saber que em Jesus temos acesso ao trono da graça; Ele permite que você esteja na presença do Altíssimo. E o segundo sentido é que você, como cristão, e a Igreja, como um todo, têm de ser porta de salvação para todos os homens, ou seja, têm de receber o alimento da Palavra e transformá-la em um instrumento para que todos possam saber aquilo que Jesus tem operado. Receber a Palavra e guardá-la somente para si é ser porta fechada.

Alguém pode dizer: "Imagine se eu vou poder ser porta aberta de salvação para os outros... Quem sou eu?" Por ser pequena, fraca, a Igreja de Filadélfia não acreditava que pudesse fazer uma grande obra, mas o Senhor lhe permitiu isso e Filadélfia transformou-se em uma Igreja missionária. E até hoje nessa área existe uma Igreja cristã, a única. Todas as outras existentes nessa região da Ásia não ouviram a Palavra e foram destruídas, são regiões em que não existe mais nada da pregação do Evangelho. E sabem por quê? Porque ali não existiram cristãos de fato, que se deixaram transformar pela Palavra.

A segunda parte do versículo 8 apresenta algo muito forte: "(...) **pois tens pouca força, e contudo guardaste minha palavra e não negaste meu nome**" (Ap 3,8b). Muitas vezes você se sente fraco, incapaz, a pior das pessoas. Não permita que esse sentimento de derrota o domine. Saiba que Deus sempre tem usado para Sua obra aqueles que são fracos. O próprio Jesus disse: "**Eu te louvo, Pai, Senhor do céu e da terra, por teres ocultado isso aos sábios e aos inteligentes e por tê-lo revelado aos pequeninos**". (Mt 11,25).

É importante entender que não somos nós, mas a graça de Deus que em nós tudo pode. Deus, muitas vezes, até desculpa certos erros que cometemos porque sabe que o fazemos por ser fracos. Ele não é como os seres humanos, que censuram, que não sabem entender as lutas que você está travando. Ao dizer "apesar da tua fraqueza", Deus está fazendo uma censura carinhosa à Igreja de Filadélfia. Sua intenção é levantá-la.

No versículo 9, o Senhor diz: "**Eis que entrego alguns da sinagoga de Satanás, dos que se dizem judeus, mas não o são, pois mentem. Eis que farei com que venham prostrar-se a teus pés**" (Ap 3,9). Quem é a sinagoga de Satanás em uma comunidade? São aqueles que estão divididos, separados; formaram uma "panela", julgam-se melhores que os outros, são desobedientes às orientações da Igreja. Sempre que criamos divisão em algum lugar, nós somos da sinagoga de Satanás, porque o Espírito não divide. O Espírito une.

No versículo seguinte, o Senhor revela Sua proteção: "**Porque guardaste minha Palavra com perseverança, também eu te guardarei na hora da provação virá sobre a humanidade toda, pondo à prova os habitantes da terra**" (Ap 3,10). Quando guardamos a Palavra e nos deixamos alimentar por ela; quando naquela hora dura e difícil, em que a dor se torna forte demais e a revolta tenta entrar em nosso coração, voltamos o olhar para o Senhor, que diz: "... **eu também te guardarei na provação**". Deus promete àqueles que vivem Sua Palavra a certeza da proteção.

Se você está se sentindo caído, fraco; se tem se sentido sozinho; se percebe um ambiente hostil à sua volta, essa Palavra é para você. O Senhor lhe diz para não desanimar, porque Ele está com você e promete vitória.

A segurança do cristão não está em suas capacidades, nem em nenhum outro ser humano, ou em estruturas sociais, políticas, econômicas ou religiosas. O único apoio é a graça de Deus: "**Assim cumulado, deitando-me adormeço, pois só tu, Senhor, me fazes permanecer em segurança**" (Sl 4,9). Esta convicção liberta-nos da impressão de que Deus só se interessa pelos fortes. Quem se julga auto-suficiente não se entrega totalmente nas mãos de Deus, pois confia demasiadamente em si. Quem nos capacita a realizar grandes obras é a graça infinita de Deus. Nele somos capazes de realizar toda obra, apesar de nossa aparente incapacidade.

OREMOS: *Deus querido, Deus amado, neste momento entramos em tua presença e queremos agradecer pela Palavra que acabaste de nos dar. Muitas vezes, em nossa caminhada de cristãos, enfrentamos barreiras, contradições, dificuldades que trazem para o nosso coração muito desânimo, fraqueza. Ó, Pai, nós sabemos, pela Palavra que nos deste, que a Tua graça está nos animando e nos fortalecendo em Jesus.*

Repreendo e corrijo todos aqueles a quem amo

IGREJA DE LAODICÉIA
(Apocalipse 3,14-22)

Ao anjo da Igreja que está em Laodicéia, escreve:
Assim fala o Amém, a Testemunha fiel e verdadeira, o Princípio da criação de Deus:
Conheço tuas obras: não és frio nem quente.
Oxalá fosses frio ou quente!
Mas, porque és morno, nem frio nem quente, estou para vomitar-te da minha boca.
Pois dizes: sou rico, enriqueci-me, de nada mais preciso, e não sabes que tu és miserável, digno de lástima, pobre, cego e nu; aconselho-te a comprar de mim ouro purificado no fogo para te enriqueceres, e vestes brancas para te cobrires, a fim de que não apareça a vergonha de tua nudez, e um colírio para ungires teus olhos e recuperares a visão.
Quanto a mim, repreendo e corrijo todos aqueles a quem amo.
Sê, pois, fervoroso e arrepende-te!
Eis que estou à porta e bato.

Se alguém ouvir minha voz e abrir a porta, entrarei em sua casa e cearei com ele, e ele comigo.
Ao vencedor, concederei sentar-se comigo no meu trono, como eu também alcancei a vitória e fui sentar-me com meu Pai em seu trono.
O que tem ouvidos ouça o que o Espírito diz às Igrejas.

CONHECENDO LAODICÉIA

A cidade de Laodicéia foi na Antigüidade um forte centro bancário, comercial e industrial. Seus habitantes viviam na opulência e orgulhavam-se de sua prosperidade, o que era suficiente para os cristãos se deixarem influenciar de forma negativa.

O estudo da mensagem dirigida à Igreja de Laodicéia é muito importante. Segundo estudiosos, nós ou já estamos nessa Igreja ou corremos o risco de caminhar para ela. Como ocorreu com as outras Igrejas, mas principalmente aqui em Laodicéia, temos de entender o que o Senhor falou como um alerta dirigido à Igreja de nossos tempos.

O Senhor aproveitará todas as situações, todos os exemplos da vida local, para mostrar a essa Igreja onde ela estava errando. E também iniciará como voltar a agradá-Lo.

A mensagem começa como todas as outras, com uma apresentação: **"Ao anjo da Igreja que está em Laodicéia escreve: 'Assim o que diz o Amém, a Testemunha fiel e verdadeira, o Princípio da criação de Deus'"** (Ap 3,14).

É muito importante perceber que, em cada uma das sete cartas, os títulos com que o Senhor se apresenta diferem entre si. E por quê? A cada apresentação Deus usa títulos que dizem respeito àquilo que as pessoas naquela Igreja estão precisando recordar a respeito Dele.

No Antigo Testamento, Deus era também chamado "Deus do Amém", e esse título era dado somente ao Altíssimo, ao Pai, que é digno de toda honra e poder. "Amém" também significa "assim seja"; é o termo com que os cristãos confirmam a plena aceitação de Deus em sua vida. Ao repetir "amém" durante uma pregação, você está dizendo: "Assim seja, Senhor, em minha vida. Assim irei fazer. Assim irei cumprir". O Senhor se apresenta como aquele em Quem não podemos jamais deixar de confiar, porque Ele é a base de toda firmeza, de toda verdade de que o homem precisa.

Essa Igreja estava começando a construir sua vida sobre outros alicerces, outras verdades; deixando-se seduzir por outros deuses. Laodicéia era uma cidade próspera, endinheirada; uma cidade que buscava de todos os modos o prazer, a diversão. E a Igreja estava deixando de dar seu amém para o Deus vivo. Foi por isso que o Senhor se apresentou como "a testemunha fiel", isto é, Aquele que foi enviado para revelar a vontade do Pai e pedir a fidelidade dos homens. Não podemos esquecer que Jesus é o testemunho vivo de Deus que veio até nós para trazer a salvação, para nos tirar do pecado, do fracasso. E nós, em nossas vidas, temos de ser testemunhas de Jesus, em todos os ambientes.

A Igreja de Laodicéia, entre todas as Igrejas, era aquela que não tinha problema algum com a sociedade que a cercava. Ela havia aceitado prestar culto ao imperador; aderido a alguns costumes pagãos, em nome da tranqüilidade que queria ter. Adquirira bens, prosperara; não enfrentara perseguição, pois não havia sido fiel ao testemunho que deveria dar de Jesus em todos os lugares.

Isso é um alerta: **"Não vos conformeis ao mundo presente, mas sede transformados pela renovação da vossa inteligência, para discernirdes qual é a vontade de** Deus" (Rm 12,8).

A MENSAGEM DO SENHOR

Não nos acomodemos neste mundo perverso para garantir dinheiro, imagem, emprego. Que de modo algum venhamos a permitir que nossa fé, em nome dos compromissos com o mundo, saia perdendo. Temos de ser luz, mas não luz que fica embaixo da cama, e sim em cima, para iluminar. Temos de ser sal, mas não sal que perdeu o dom de dar sabor à comida, e sim aquele que dá sabor. Tomemos muito cuidado com as concessões que às vezes fazemos em nome de amizades, de troca de favores. O cristão não tem de agredir, de ser inconveniente. Ele pode ser autêntico; sem a mínima necessidade de se envergonhar daquilo que é. Sua fé em Jesus deve ser mais forte que tudo, pois Ele foi fiel até a morte, não se envergonhou de nós; Ele, Jesus, entregou Sua vida por nós, morreu na cruz, derramou Seu sangue precioso por todos nós.

Tomemos muito cuidado. O inimigo age de diversas maneiras. Ele pode derrubar as pessoas por meio de paixões enganosas, para nos tornar infiéis nas questões financeiras, levando-nos a pequenas desonestidades em nome do lucro. Ou nos prejudicar por meio de terceiros – é preciso estar atento às amizades: quem freqüentamos, com quem conversamos. Isso não significa que se devam quebrar relacionamentos, mas que é preciso tomar cuidado. A armadilha de Satanás muitas vezes é levar-nos a fazer concessões, como ocorreu com a Igreja de Laodicéia, que começou a aceitar uma série de coisas erradas para ter tranqüilidade, influência, poder.

Se for para se vender e trair sua fé, é melhor que a Igreja não tenha poder humano algum. Quando Jesus se apresentou como a testemunha fiel, foi porque Ele não traiu a Deus; foi fiel até o último momento, tendo a coragem de morrer.

Mas não é só isso: Jesus também diz que é "**o princípio e a criação de Deus**". Aqui o Senhor está confirmando o que está no Evangelho de são João: "**Tudo foi feito por meio dele; e sem ele nada se fez do que foi feito**" (Jo 1,3).

"... **o Amém, a Testemunha fiel e verdadeira, o Princípio da criação de Deus.**" Esses três títulos preparam-nos a severa mensagem dirigida por Deus à Igreja de Laodicéia, a mais dura, mas que ao mesmo tempo, apesar de dura, revela a misericórdia de um Deus que deseja que essa Igreja se converta. O Senhor jamais deseja nossa condenação; não corre atrás de nós para nos enviar ao inferno. É a maneira como vivemos, pensamos, agimos que nos manda para o inferno, que não foi preparado para o homem; "**... o fogo eterno foi que foi preparado para o diabo e para seus anjos**" (Mt 25,41). Quem criou o inferno foi nosso pecado. Em Deus não existe dor, castigo, mentira, mas somente o verdadeiro amor. Por trás da severa mensagem dirigida à Igreja de Laodicéia, está também o amor de Deus, que deseja fazer com que essa Igreja acorde de seu erro e possa receber a salvação de Cristo.

Em Apocalipse 3,15-16, o Senhor diz de muito forte: "**Conheço tuas obras: não és frio nem quente. Oxalá fosses frio ou quente! Mas porque és morno, nem frio nem quente, estou para vomitar**-te". Em outras palavras, o Senhor estava dizendo a essa Igreja que os cristãos ali não tinham zelo, fervor, entusiasmo do espírito. Em todos os tempos existem pessoas assim, que estão na igreja apenas ocupando espaço; que ouvem a Palavra de Deus com desdém e estão ali por estar.

Se você não está na igreja para ouvir a Palavra, Deus não quer sua presença – e Ele é bem claro quanto a isso. Ao ouvi-la, temos de entender que pela Palavra tudo foi criado; temos de permitir que ela nos renove, recrie, traga o calor de Deus. O Cristo está ensinando que Seus seguidores devem ser pessoas que vibram no Espírito, e para Ele não existe meio-termo: católico não-praticante não é nada!

Em Laodicéia havia fontes de onde jorrava uma água mineral com efeito poderoso sobre a saúde das pessoas. Nessas fontes, a água logo que saía era quente, e as pessoas tinham de tomá-la nesse momento, pois assim serviria de remédio. Porém, tomando-a depois de ela ter caído nas rochas e ficado morna, sentia-se ânsia de vômito. Foi por isso que o Senhor usou esse exemplo.

Àqueles que vão à igreja quando se sentem bem, ou só quando precisam; que vão apenas para batizar, crismar, casar, mandar celebrar missa por um falecido, o Senhor diz: Esses eu vou vomitar.

Como se chega a ser morno? Jesus explica isso em Apocalipse 3,17: **"Pois dizes: 'Sou rico, enriqueci-me, de nada mais preciso'"**. Não é desse modo que a maioria das pessoas age quando as coisas estão correndo bem? Infelizmente existe o perigo de sermos escravos dos bens materiais; de colocarmos a confiança na casa, no emprego, no dinheiro, onde a segurança não existe. As pessoas mais infelizes são muitas vezes aquelas que têm muito e pensam que com esse muito serão felizes: vivem em "favelas de ouro". Têm tudo materialmente, mas nada no interior. Por isso, durante o dia precisam de remédios para ficar atentas, e à noite, precisam de outro remédio, para dormir. Já no dia seguinte levantam com enxaqueca e têm de tomar um comprimido para acabar com essa dor.

"Pois dizes: 'Sou rico, enriqueci-me, de nada mais preciso'; e não sabes que tu és miserável, digno de lástima, pobre, cego e nu'" (Ap 3,17). Qual é então a saída? O versículo 18 nos mostra o caminho: **"Aconselho-te a comprar de mim ouro purificado no fogo para te enriqueceres, e vestes brancas para**

te cobrires, a fim de que não apareça a vergonha de tua nudez; e um colírio para ungir os teus olhos e recuperares a visão". O Senhor não estava condenando o dinheiro que a Igreja possuía, as coisas boas adquiridas, mas o fato de as coisas terem sido endeusadas. Ele está dizendo que, à medida que vamos progredindo materialmente, temos de tomar o cuidado de crescer também na graça, para que o crescimento material não sufoque Sua presença em nós.

O Senhor nos aconselha a buscar o verdadeiro tesouro de que precisamos; que poderoso algum, lei alguma podem destruir: a graça de Deus.

Ele não quer que vivamos de fachada; mas que vivamos de Sua graça. Não é errado desejar crescer, ter uma vida melhor, mas é importante crescer também espiritualmente, para não colocar a segurança no dinheiro. Temos de estar preparados para ter muito e para ter pouco; para a abundância e para a penúria.

"Vocês têm um colírio que recupera a luz humana", dizem ainda as palavras do Senhor, fazendo alusão a um famoso colírio da cidade, "mas está faltando na vida de vocês recuperar a luz espiritual, que é a luz maior, a mais importante". Muitas vezes, podemos ter dois olhos saudáveis mas uma vida em trevas; espiritualmente cegos.

Em Apocalipse 3,19 o Senhor diz: "**Quanto a mim, repreendo e corrijo todos aqueles a quem amo**". A correção de Deus não é para a nossa destruição. Ele está dizendo que algumas circunstâncias em nossa vida existem para que aprendamos a ser fiéis. Feliz daquele que, ao cair, não se revolta, nem culpa os outros ou inventa mil desculpas, mas diz com humildade: "Senhor, muito obrigado, porque, mesmo eu não entendendo, estais me dando uma lição por meio dessa dificuldade". Essas são as pessoas fortes diante da vida.

E o Senhor continua no versículo 19: "**Sê, pois, fervoroso e arrepende-te**". O verdadeiro arrependimento brota do coração que ama a Deus, que diz: "Senhor, eu pequei contra Ti, purifica-me; dai-me uma atitude nova, um pensamento novo. Senhor, eu não quero mais viver desse modo". Isso é arrependimento; é aquilo que faz com que busquemos em Deus a graça para que não mais vivamos do modo errado: "**Eis que estou à porta e bato. Se alguém ouvir minha voz e abrir a porta, entrarei em sua casa e cearei com ele, e ele comigo**" (Ap 3,20).

OREMOS: *Deus querido, Deus amado, pedimos o auxílio do Teu Espírito Santo porque não queremos ser como a Igreja de Laodicéia. Não queremos ser uma Igreja morna; cristãos em cima do muro. É por isso, ó Pai, que pedimos em nome de Jesus: vem reanimar em nós o zelo; vem afervorar a nossa fé, Senhor, com a unção redobrada do Espírito Santo. Ó, Deus querido, desperta neste momento a nossa fé; dai-nos a graça de finalmente reconhecer que precisamos ser quentes, ardentes em nossa fé. Queremos abrir as portas do nosso coração e Te convidar: entra em nossa vida. Senhor Jesus, que estais batendo na porta do meu coração, eu abro a porta, Te deixo entrar e peço: transforma minha vida em uma festa de alegria, de paz, de vitória. Arranca da minha vida tudo aquilo que está me enfraquecendo, entristecendo, desanimando; tudo aquilo que está errado em mim. E renova, Senhor, o Teu Espírito, abraçando, despertando a minha fé.*

Mensagem às Igrejas do Apocalipse

CONCLUSÃO

Por meio do estudo das cartas às sete Igrejas da Ásia, foram-nos reveladas fraquezas, problemas vividos por essas Igrejas. E, por outro lado, tivemos contato com muitas verdades ainda atuais; pudemos aprender aquilo de maravilhoso que o Senhor tem para a Igreja de nossos dias; o que Ele está querendo para todos nós.

Juntando tudo aquilo de principal que o Senhor falou, nosso intuito é apontar o verdadeiro caminho de conversão para quem deseja ser sincero em seu encontro com Deus.

Um dos pontos que chamam a nossa atenção nessas cartas é que Deus tem pelos Seus um amor pessoal. Lendo as sete cartas, aprendemos que o Senhor Jesus olha para os membros de Sua Igreja e os enxerga como pessoas, não como uma massa. Vemo-Lo constantemente dirigindo Sua Palavra de maneira direta; revelando desvios individuais que estavam acontecendo.

Ele se apresenta como Aquele que a tudo vê e de tudo sabe. Podemos mentir para os homens, não para Deus. Enganar o próximo pode ser fácil, mas não esqueçamos que Deus está no controle de todo o nosso proceder, pois conhece os corações; Ele sabe quando mentimos, e por causa disso nos exorta: só seremos livres se formos da verdade, se não a temermos, quando ela doa, nos dê prejuízos; mesmo que nos faça perder amizades. Não temos de agradar aos homens, mas a Deus. Essa mensagem é fundamental. E por que temos de agradá-Lo? Porque Ele nos ama.

Em Isaías 43,1 esse Deus maravilhoso diz: **"Não tenhas medo, pois eu te resgatei, te chamei pelo nome, tu és meu"**. Isso deve curar seu coração de toda rejeição, de todo sentimento de abandono, de toda falta de amor. Você deve permitir que essas palavras penetrem seu coração; onde foi rejeitado, esquecido; onde faltou amor em seu passado, para que você não se transforme em uma pessoa amarga, mentirosa, de aparências. Queira viver a vida naquilo que ela tem de maior, que é dom de Deus. Permita que Deus tire todas as suas máscaras, os seus medos, os seus sentimentos de rejeição, e você possa descobrir que Ele o conhece pelo nome.

Outro ponto a considerar é a forma como o Senhor se apresentou, com títulos, em todas as mensagens às sete Igrejas, de acordo com aquilo que cada uma estava precisando ouvir. Por exemplo, à Igreja de Esmirna, que não recebeu censura alguma, Ele disse: "**Assim fala o Primeiro e o Último, o que morreu,. mas voltou à vida**" (Ap 2,8). A Igreja de Esmirna via seus membros sendo presos e entregues à fome dos leões; via-os morrer. E muitos estavam ficando com medo. Então Jesus se apresentou como Aquele que venceu a morte, mostrando que o cristão não deve temê-la.

Todos os títulos com que Jesus se dirigia às Igrejas tinham a mesma finalidade: fazer com que não esquecessem que Ele, Jesus, é Deus, e porque é Deus tem o poder de nos dar aquilo de que necessitamos para voltar ao Pai.

Entremos no ponto central: as mensagens, os julgamentos dirigidos às sete Igrejas e a nós devem servir de referência para não tropeçarmos nos mesmos erros.

Primeiro, o Senhor falou à Igreja de Éfeso: "**Mas tenho contra ti que abandonaste o teu primitivo fervor**" (Ap 2,4). Os membros dessa Igreja ainda a estavam freqüentando, celebravam sua fé, se diziam cristãos, porém já não tinham calor, entusiasmo. O Senhor não quer presença por obrigação. Deus quer que você tenha um amor apaixonado por Ele, um amor cada vez maior, a cada dia. Não pode acontecer com você o que acontece com muitos casamentos: na época do namoro, em que os dois estão apaixonados, trocam-se beijos, abraços, carinho o tempo todo; e depois de um tempo de casados, com a convivência e os pés no chão, descobre-se como é difícil conviver sob um mesmo teto. Os anos vão se passando e os amantes se transformam em amigos, já não demonstram carinho em público. Isso revela um amor que está esfriando, porque o amor é também feito de gestos.

Se o amor humano pode se apagar por falta dessas pequenas atenções, mais ainda podemos dizer de nosso relacionamento com Deus. Quando você deixa de estar com Deus pela oração pessoal, dizendo: "Agora estou cansado, amanhã eu rezo", ou fazendo a oração apressado; quando você a substitui por outras coisas, pode estar certo de que está em processo o esfriamento do amor de Deus em sua vida. Então, quando muito, você estará na igreja não mais por causa do amor pelo Senhor, mas por ter amigos, como se fosse uma reunião social. Tudo isso é importante, mas não o suficiente. Porque fazer festas o mundo também sabe. Nós temos de ser capazes de, além da festa, impactar o mundo.

A Igreja de Pérgamo foi alertada sobre o perigo das doutrinas estranhas: "**Tenho, contudo, umas censuras a te fazer: há entre vós alguns que se apegam à doutrina de Balaão,**

o qual aconselhava a Balac a armar uma cilada aos filhos de Israel, para incitá-los a comer carnes sacrificadas aos ídolos e a prostituir-se" (Ap 2,14). Em nossos dias está muito na moda um cristianismo feito de cursos de parapsicologia, controle mental, relaxamento, ioga. Hoje em dia, infelizmente, há pessoas que no domingo assistem à missa e durante a semana vão ao espiritismo, à mesa branca, à Igreja messiânica, a todo tipo de lugar em que se dê uma bênção. O cristão não pode ser assim.

A Igreja de Pérgamo estava se desviando, deixando de ser fiel ao Senhor. Estava deixando de reconhecer que nosso Deus é quem tem o poder de nos abençoar; que fora d'Ele não existe bênção. Nós não temos o direito de fazer do cristianismo uma salada religiosa, pois os primeiros séculos desse mesmo cristianismo custaram a vida de milhares de pessoas que morreram nas arenas de leões por não aceitarem misturar sua fé com o culto ao imperador, o deus dos romanos; por não aceitarem as crenças, os costumes religiosos do meio pagão onde viviam.

Passados dois mil anos de cristianismo, não podemos aceitar essa confusão. Se acredito que o espiritismo tem alguma verdade, tenho de ser sincero e não dizer que sou cristão. Se acredito que a umbanda traz alguma resposta para mim, tenho de dizer que sou umbandista, mas não cristão. Ser cristão significa ter a mente de Cristo, entender que nosso Deus é suficientemente capaz de nos abençoar. Ele é o único Deus verdadeiro, e o resto não pertence a Ele.

A Igreja de Pérgamo estava enfraquecendo justamente por causa disso; estava permitindo que se infiltrassem pessoas com doutrinas estranhas à Bíblia. Isso não pode acontecer. Temos como regra de nossa fé aquilo que a Palavra de Deus nos fala e o que nos é ensinado pela Igreja; aquilo que chamamos de Tradição, e as palavras do magistério.

Junto com esse perigo da infiltração de doutrinas estranhas, pode existir também a infiltração de costumes que não são bons para os cristãos. Em Apocalipse 2,20 o Senhor disse à Igreja de Tiatira: "**Mas tenho contra ti que toleras Jezabel** [mulher pagã que havia casado com um rei de Israel no tempo de Elias e trazido suas crenças, seus hábitos, inclusive orgias sexuais], **essa mulher que se diz profetisa** [temos de tomar muito cuidado com pessoas com cara de santas, que se dizem muito piedosas. A santidade tem de ser provada não pela boca, mas pelas atitudes] **e transvia meus servos, ensinando-os a se prostituir e a comer carnes sacrificadas aos ídolos**". Hoje em dia vemos certos costumes entrando na Igreja e achamos isso normal. Mas temos de estar atentos: nem tudo aquilo que é a moda convém ao cristão: "**Tudo me é permitido, mas nem tudo me convém**" (1Cor 6,112). Você foi libertado por Cristo da escravidão da lei, e a maior prova de que você é alguém livre é saber usar a liberdade sem se deixar enlamear pela libertinagem. Esse é o sinal da presença de Cristo em você: tudo é permitido, mas nem tudo convém ao cristão.

A mulher a quem Jesus chama de Jezabel estava também jogando as pessoas contra a autoridade da Igreja, causando divisões, e isso é muito sério. Quando alguém entra em nosso meio e começa a pôr em dúvida verdades que a Igreja nos ensina; a falar coisas de pessoas da comunidade ou até de autoridades eclesiásticas, temos de chamar sua atenção. Podem até existir defeitos, mas devemos ser os primeiros a vestir a camisa da Igreja. Em uma família, se o filho comete algum erro, a mãe lamenta, contrata até um advogado se for preciso, mas não abandona o filho. E este também não difama sua mãe. Temos de ter um senso de corpo, pois ao nos dividir perdemos força, poder.

O Senhor, depois, dá mais um passo, importantíssimo, quando fala à Igreja de Sardes: "**Conheço tuas obras: tens fama de estar vivo, mas estás morto**" (Ap 3,1). Como já falamos, meu irmão, o Senhor não olha a aparência, mas o coração. Por isso é que Ele disse que as prostitutas entrarão no reino de Deus antes de muitas pessoas religiosas – a prostituta seria o símbolo dos pecadores que se convertem e mudam de fato.

Os maiores santos da Igreja foram grandes pecadores que quando encontraram a Jesus tiveram suas vidas transformadas. Santo Agostinho, por exemplo, levou multidões para Jesus depois de sua conversão, e são Francisco de Assis, ao converter-se, foi instrumento poderoso nas mãos de Deus, pois muitos queriam seguir seu ideal.

O Senhor quer pessoas que se deixem transformar, e não somente por fora. O sinal de estarmos em Cristo é vivermos a Palavra, e não apenas levantar os braços e gritar "Aleluia!", ou cantar sem parar. Se a sua Bíblia é o seu livro de cabeceira, então você está em Cristo e por conseguinte é forte. A cada dia temos de deixar que o Senhor nos transforme. São Paulo fala em Romanos 12,2 que temos de renovar o sentimento de nossa mente todos os dias, pois diariamente somos bombardeados por palavras do mundo.

O Senhor mostra à Igreja de Sardes que ela estava se afastando de Sua Palavra e por isso enfraquecendo. Quanto tempo você dedica à Palavra?

Por último, o Senhor alerta para o perigo do acomodamento. Em Apocalipse 3,15, Ele diz: "**Conheço tuas obras, não és frio nem quen-**

te. Oxalá fosses frio ou quente! Mas porque és morno, nem frio nem quente, estou para vomitar-te de minha boca". Esse é o perigo: ser um católico em quem a Palavra já não produz efeito algum; ser aquele que vai à igreja, e, em vez de dar atenção à Palavra, fica distraído; aquele que enquanto a Palavra é pregada está lendo outra coisa, distraído. Se for esse o seu caso, diga:

"Senhor, eu estou distraído, mas não quero deixar essa distração tirar a minha atenção daquilo que está sendo falado. Vou fazer de tudo para prestar atenção, porque é a tua Palavra que está sendo pregada, e eu sei que por Ela o que está me distraindo será tirado da minha vida".

Antes de tomar a decisão de freqüentar a Igreja, pense muito, porque Deus não quer uma resposta leviana. Ele quer que, a partir do momento em que você disser: "Eu aceito a Jesus como o meu Senhor e Salvador", esteja assim até o final, para que nesse dia, no fim de sua vida, não lhe seja tirada a coroa da vitória.

O Senhor deseja que você seja vibrante, que vença, e somente Ele pode lhe dar as condições para isso. Ele é a nossa força e o nosso poder.

"QUEM TIVER OUVIDOS OUÇA O QUE O ESPÍRITO DIZ ÀS IGREJAS."

Edições Loyola

RUA 1822, 347
IPIRANGA
SÃO PAULO SP
IMPRESSÃO